Warum gerade Israel?

Norbert Lieth

Warum gerade Israel?

Norbert Lieth

Verlag Mitternachtsruf

Verlag Mitternachtsruf
Ringwiesenstrasse 12a
CH 8600 Dübendorf

Internet: www.mitternachtsruf.ch
E-Mail: post@mitternachtsruf.ch

Warum gerade Israel?
ISBN 978 3 85810 313 0
Bestell-Nr. 180360

Eine **Kurzfassung** dieses Buches, die sich zum Verteilen eignet, ist unter dem gleichen Titel als Sonderdruck erhältlich. Bestellnummer: 820310

Hinweis auf die verwendeten Bibelübersetzungen:
Wenn nichts anderes vermerkt, zitieren wir die Schlachterübersetzung 2000, wobei wir bestimmte Worte, die zum besseren Verständnis dienen, hervorhoben.
Abkürzungen für andere angeführte Übersetzungen:

r.Elb	=	Revidierte Elberfelder
Lth 84	=	Luther Übersetzung 1984
Albr	=	Albrecht
Hfa	=	Hoffnung für alle
Bru	=	Bruns

2. Auflage September 2010
Umschlag, Satz und Layout: Verlag Mitternachtsruf
Druck: EKM-Nyomda, Budapest

Inhalt

Einleitung

Friedrich der Grosse, der als grosser Spötter und Religionsverächter bekannt war, wollte einst seinen Superintendenten in Verlegenheit bringen. Deshalb sagte er: «Nenne er mir einen einzigen Gottesbeweis, aber kurz, in drei Worten!» Darauf soll der kluge Geistliche einen Schritt vorgetreten sein und sich mit den Worten verbeugt haben: «Majestät, die Juden.»

Und der berühmte Philosoph Hegel soll einmal gesagt haben: «Meine Philosophie erklärt alles, ausser die Juden.» Das Phänomen des jüdischen Volkes ist deshalb so schwierig zu erklären, weil dieses Volk einen einzigartigen Platz in Gottes Plänen und Absichten einnimmt. Sein jahrtausendealtes Schicksal ist in der Bibel mit göttlicher Genauigkeit vorausgesagt und seine Geschichte und Existenz bestätigt die Zuverlässigkeit biblischer Prophetie.

1. Alles begann mit einer Sünde

Im 3. Kapitel des 1. Mosebuches schildert uns die Bibel den Sündenfall des Menschen. Vor diesem katastrophalen Ereignis hatte der Herr zu Adam gesagt: *«Von jedem Baum des Gartens darfst du nach Belieben essen; aber von dem Baum der Erkenntnis des Guten und des Bösen sollst du nicht essen; denn an dem Tag, da du davon isst, musst du gewisslich sterben!»* (1.Mo 2,16-17). Gott hatte den Menschen nach Seinem Bild geschaffen und ihn mit einem freien Willen ausgestattet, denn Er wollte ein Gegenüber haben. Adam und Eva konnten sich somit selbst entscheiden, ob sie den Willen ihres Schöpfers tun wollten oder nicht. Sie waren, im Gegensatz zu uns, der Macht der Sünde nicht unterworfen und daher nicht so verführbar wie wir. Sie hatten direkte Gemeinschaft mit Gott und Sünde war ihnen unbekannt. Sie besassen die Kraft und Macht, der Sünde zu widerstehen. Dennoch geschah das Gegenteil. Es gelang dem Teufel, Gottes Aussage zu untergraben, sodass Eva zu zweifeln begann. Die Folge war, dass sie den Willen Gottes missachtete und sich für den Ungehorsam ihrem Schöpfer gegenüber entschied: *«Die Frau sah, dass von dem Baum gut zu essen wäre, und dass er eine Lust für die Augen und ein begehrenswerter Baum wäre, weil er weise macht; und sie nahm von seiner Frucht und ass, und sie gab davon auch ihrem Mann, der bei ihr war, und er ass»* (1.Mo 3,6). Dadurch erfüllte sich das erste prophetische Wort der Bibel: Der Tod hielt Einzug.

Zunächst kam es zum geistlichen Tod, das heisst, zur Trennung von Gott. Adam und Eva mussten das Paradies verlassen. Sie hatten keinen direkten Zugang mehr zu ihrem Herrn. Eine weitere Folge war der physische Tod, der sich in den Körpern der beiden und damit im ganzen Menschengeschlecht einnistete. Von diesem Augenblick an alterte der Mensch. Die Zellen regenerierten sich nur noch bis zu einem bestimmten

Zeitpunkt, dann starben sie ab. Und eines Tages hiess es von Adam: *«Er starb»* (1.Mo 5,5). Seither ist der Todesprozess Normalzustand. Überall sind wir vom Tod umgeben, jeden Tag verfolgt er uns. Wir spüren es auch am eigenen Leib, dass dieser Prozess unaufhaltsam vor sich geht, bis es dann auch über uns heisst: «Er/sie starb.» Ob wir es wahrhaben wollen oder nicht, die Sünde ist die Ursache des Todes. Jeder Friedhof macht klar, wie Gott die Sünde sieht: *«Der Lohn der Sünde ist der Tod»* (Röm 6,23).

Sünde ist nicht etwas Undefinierbares, sondern bedeutet Zielverfehlung. Dabei geht es nicht um grosse oder kleine Sünden. «Knapp daneben ist auch vorbei.» Nicht nur die schlimmsten, brutalsten Sünder müssen sterben, sondern alle Menschen. Jeder muss sterben, weil jeder ein Sünder ist. Das Wort Gottes sagt es eindeutig: *«Alle haben gesündigt»* (Röm 3,23).

Hier stellt sich die Frage: Hätte Gott nicht gnädig über den Sündenfall hinwegsehen können? Nein, hätte Er nicht! Gott ist nicht nur absolut heilig und gerecht, sondern in Seiner ganzen Persönlichkeit auch Liebe. Liebe kann Sünde unmöglich tolerieren, denn wenn sie es täte, wäre sie im gleichen Moment keine reine Liebe mehr.

Gott wollte in Seiner Liebe jedoch einen Ausweg schaffen. Das erforderte eine Lösung, die einerseits Seiner heiligen Gerechtigkeit Genüge tat und andererseits Seiner Liebe entsprach. Gott entschied sich dafür, die Schuld auf sich zu nehmen, um uns Vergebung gewähren zu können. Da der ewige Gott selbst nicht sterben konnte, wurde Er in Jesus Christus Mensch. Und in Jesus Christus vollbrachte Er das Werk der Erlösung.

Die erste prophetische Verheissung einer Erlösung gibt der Allmächtige kurz nach dem Sündenfall, indem Er Satan den Kampf ansagt: *«Ich will Feindschaft setzen zwischen dir und der Frau, zwischen deinem Samen und ihrem Samen: Er wird dir den Kopf zertreten, und du wirst ihn in die Ferse stechen»* (1. Mo 3,15). Diese Aussage beinhaltet, dass:

1. sich die Menschheitslinie teilen wird. Es wird fortan auf dieser Erde eine Linie geben, die sich durch Satan beeinflussen lässt und Gott nicht glaubt. Und es wird eine andere geben, die dem Ruf Gottes Folge leistet.
2. diese beiden Linien verfeindet sein werden, weil sich die eine durch den Teufel und die andere durch Gott leiten lässt.
3. eines Tages jemand aus der Nachkommenschaft der Frau hervorgehen wird, der Satan, Sünde und Tod besiegt. Dieser Nachkomme wird Satan den Kopf zertreten und Satan wird ihn in die Ferse stechen.

Tatsächlich entwickelten sich zwei Linien, die sich bis auf den heutigen Tag durch die Menschheitsgeschichte ziehen. Auf der einen Seite sehen wir Menschen, die durch die Schliche Satans verführt werden und nichts von Gott wissen wollen. Auf der anderen Seite gab und gibt es immer auch Menschen, die sich von Gott rufen lassen, Ihm glauben und Ihm gehorsam sein wollen. Hier nur einige wenige Beispiele dafür:

Kain / Abel
Die sündige Generation vor der Sintflut / Noah
Abimelech / Abraham
Ismael / Isaak
Esau / Jakob
Der ägyptische Pharao / Mose
Amalek / Israel
Die kanaanitischen Völker / das Gottesvolk Israel
Saul / David
Der persische Haman / der Jude Mordechai
Die Weltreiche / Gottes Reich

Bereits kurz nach dem Sündenfall zeichnet sich die Menschheitslinie, die sich von Gott abwendet und ihre eigenen Wege geht, deutlich ab. Sie beginnt mit Kain, der seinen Bruder Abel erschlug und so zum ersten Mörder wurde. Deshalb lief er von Gott weg: «*Kain ging hinweg von dem Angesicht des Herrn und wohnte im Land Nod, östlich von Eden*» (1.Mo 4,16). Das 1. Buch Mose zeigt in Kapitel 4, wie die nachfolgenden Generationen Kains diesen Weg einschlugen und sich immer weiter von Gott entfernten.

Im Gegensatz dazu wird uns ab 1. Mose 4,25 und in Kapitel 5 von der Menschheitslinie berichtet, die nach Gott fragt und auf Seinen Wegen geht. So zum Beispiel von Seth, den Gott Adam und Eva anstelle des ermordeten Sohnes Abel geschenkt hatte, und seinen Nachkommen. Im Unterschied zu Kain heisst es von ihm: *«Auch dem Seth wurde ein Sohn geboren, den nannte er Enosch. Damals fing man an, den Namen des Herrn anzurufen»* (1.Mo 4,26). Seth und Enosch lebten nicht nur so in den Tag hinein, sondern suchten den Herrn, indem sie Ihn anriefen. Ebenso Henoch, der mit Gott wandelte; Methusalah, der als ältester Mensch der Bibel in die Geschichte einging, und Noah, der Gerechte, der mit seiner Familie die Sintflut überlebte. Über Noah läuft diese Linie weiter zu Abraham. Der irdische Stammbaum Jesu, der uns im Lukasevangelium übermittelt wird, führt über David, Juda, Jakob, Isaak, Abraham, Sem, Noah, Lamech, Methusalah, Henoch, Seth auf Adam zurück (Lk 3,23-38).

Der Philologe Dr. Roger Liebi gibt eine sehr bemerkenswerte Erklärung der Namen, wie sie in 1. Mose 5 aufgeführt sind. In der chronologischen Reihenfolge und Bedeutung der Namen steckt bereits das ganze Evangelium, das auf Jesus Christus hinausläuft.

Adam = Mensch (1.Mo 5,4)
Seth = Ersatz, von schith = setzen, stellen (1.Mo 5,8)
Enosch = sündiger Mensch (1.Mo 5,9)
Kenan = Schmid; von anderer Wurzel: Weinender (1.Mo 5,12)

Mahalalel = Gott ist lobenswürdig (1.Mo 5,16)
Jered = Abstieg, von jarad herabsteigen (1.Mo 5,18)
Henoch = Geweihter (1.Mo 5,22)
Methusalah = Mann des Wurfgeschosses, (methu = Mann, schalach = werfen) oder: Ist er tot, so wird er es senden (meth = tot uschalach = so wird er senden; 1.Mo 5,26)
Lamech = gewalttätiger Mensch/starker junger Mann (gemäss arab. Jilmak) (1.Mo 5,30)
Noah = Trost, Ruhe oder Duft der Ruhe (1.Mo 5,32)
Nimmt man diese Wortbedeutungen in ihrer Reihenfolge, entsteht die folgende Evangeliumsbotschaft: Der Mensch (Adam) kam in die Stellung (Seth) eines sterblichen Sünders (Enosch). Er weinte (Kenan). Der lobenswerte Gott (Mahalalel) stieg herab (Jered). Er lebte in geweihter Hingabe (Henoch). Sein Tod sendet (Methusalah), dem gewalttätigen Menschen (Lamech), Trost und Ruhe (Noah).

Das kann nur ein Gott inspiriert haben, der den ganzen Heilsplan bereits vor Grundlegung der Welt festgelegt hat und alle Dinge von Ewigkeit her überschaut. Denn eines Tages wurde durch eine jüdische Jungfrau aus der Nachkommenschaft Abrahams, Isaaks und Jakobs Jesus Christus in diese Welt hineingeboren. Durch Seinen späteren Tod am Kreuz und Seine anschliessende Auferstehung aus den Toten besiegte Er den Satan. Damit erfüllte sich 1. Mose 3,15: *«Er wird dir den Kopf zertreten, und du wirst ihn in die Ferse stechen.»* Der Stich Satans in die Ferse Jesu ist eine Anspielung auf den Verrat des Judas. Mit einem heuchlerischen Kuss verriet er Jesus an Seine Feinde und lieferte Ihn damit ans Kreuz aus, wo Er an Händen und Füssen angenagelt wurde.

1969 machte man in Givat Ha-Mivtar nordöstlich von Jerusalem einen grausigen Fund. Unter Särgen aus der herodianischen Zeit fand man die Gebeine eines Mannes mit Namen Jehochanan Ben-Hazkul. Das rechte Fersenbein dieses Mannes war seitlich von einem 11 Zentimeter langen Nagel durchbohrt, was für eine Kreuzigung spricht. Bereits Jahrtausende bevor die Kreuzigung offizielle Todesstrafe war, wurde diese im Blick auf den Erlöser Jesus Christus prophetisch angedeutet: *«Ich will Feindschaft setzen zwischen dir und der Frau, zwischen deinem Samen und ihrem Samen: Er wird dir den Kopf zertreten, und du wirst ihn in die Ferse stechen»* (1.Mo 3,15). Jesus Christus steht für die Vergebung der Sünden: *«In ihm haben wir die Erlösung durch sein Blut, die Vergebung der Übertretungen nach dem Reichtum seiner Gnade»* (Eph 1,7). *«Denn Gott hat seinen Sohn nicht in die Welt gesandt, damit er die Welt richte, sondern damit die Welt durch ihn gerettet werde»* (Joh 3,17).

2. Der erste Hebräer

Weil der ewige Sohn Gottes, Jesus Christus, aus dem Himmel auf die Erde kommen und in die Menschheitsgeschichte eintreten wollte, brauchte Er ein Volk, ein Land und einen konkreten Geburtsort. Jeder Mensch gehört zu irgendeinem Volk, hat eine bestimmte nationale Identität und einen Geburtsort, womit er sich ausweisen kann. Gott wollte auch für Seinen Sohn solch irdische Gefässe haben. Dadurch wurden diese zu Segensträgern.

Im Blick auf dieses Ziel erwählte Gott Abraham, der aus Ur in Chaldäa (Babylonien) stammte. Der Allmächtige hätte auch jemand anders rufen können, aber Seine souveräne Wahl fiel auf Abraham. Über dessen Berufung berichtet die Bibel: *«Der Herr aber hatte zu Abram gesprochen: Geh hinaus aus deinem Land und aus deiner Verwandtschaft und aus dem Haus deines Vaters in das Land, das ich dir zeigen werde! Und ich will dich zu einem grossen Volk machen und dich segnen und deinen Namen gross machen, und du sollst ein Segen sein. Ich will segnen, die dich segnen, und verfluchen, die dich verfluchen; und in dir sollen gesegnet werden alle Geschlechter auf der Erde!»* (1.Mo 12,1-3). Dieser Ruf Gottes umfasst drei elementare Dinge:

1. Abraham sollte ein Land bekommen.
2. Abraham sollte zu einer Nation werden.
3. In Abrahams Nachkommenschaft sollten alle Geschlechter auf Erden gesegnet werden.

Mit diesem Segen ist der Welterlöser Jesus Christus gemeint. Er sollte aus der Nachkommenschaft Abrahams stammen und in Israel geboren werden. Im Neuen Testament wird das in einer etwas freien Übersetzung so erklärt: *«Die Heilige Schrift selbst hat schon längst darauf hingewiesen, dass Gott auch die anderen Völker durch den Glauben retten wird. Gott verkündigte schon Abraham die Frohe Botschaft: ‹Durch dich sollen alle Völker gesegnet werden.› Mit Abraham, der uner-*

schütterlich Gott vertraute, werden alle gesegnet, die ebenso glauben wie er» (Gal 3,8-9, Hfa). Und: *«Sehen wir uns die Zusagen Gottes an Abraham genauer an, dann stellen wir fest: Gott gab sein Versprechen Abraham und seinem Nachkommen. Es heisst nicht: Abraham und seinen Nachkommen. Gottes Zusagen gelten demnach ganz eindeutig einem einzigen und nicht den vielen Nachkommen Abrahams. Dieser eine ist Christus»* (Gal 3,16, Hfa).

Abraham wurde als erster Mensch «Hebräer» genannt (1.Mo 14,13). Gott hatte mit Abrahams Berufung und Landverheissung und später mit Jerusalem und der jüdischen Nation nur das eine Ziel: Jesus in diese Welt zu senden. In der Folge gab der Herr Seinem Freund, wie Er Abraham auch nannte (Jak 2,23), das verheissene Land, in das Er ihn geführt hatte. Über dieses Versprechen lesen wir in 1. Mose 15,18 und 17,7-8: *«So schloss Gott an jenem Tage mit Abram einen Bund und sagte: ‹Ich will deinen Nachkommen dieses Land geben, vom Strom Ägyptens bis an den grossen Euphrat. – Ich halte diesen meinen Bund aufrecht zwischen dir und mir und deinen Nachkommen von Geschlecht zu Geschlecht als einen ewigen Bund, dass ich dein Gott sei und der deiner Nachkommenschaft. Ich gebe dir und deinen Nachkommen dieses Land, wo du als Fremdling wohnst, das ganze Land Kanaan, zum dauernden Besitz. Ich will für sie alle Gott sein›»* (Bru).

Abraham, der mit seiner Frau Sarah jahrzehntelang keine Kinder bekam, wurde im hohen Alter noch Vater eines Sohnes, dem er auf Gottes Weisung hin den Namen Isaak gab. Doch eines Tages wurde der Glaube Abrahams auf eine sehr harte Probe gestellt. Gott, der ihm diesen Sohn geschenkt hatte, verlangte das Unmögliche: Abraham sollte seinen einzigen Sohn, den er mit Sarah hatte und den er unendlich liebte, opfern: *«Es geschah nach diesen Begebenheiten, da prüfte Gott den Abraham und sprach zu ihm: Abraham! Und er antwortete: Hier bin ich. Und er sprach: Nimm doch deinen Sohn, deinen einzigen, den du lieb hast, Isaak, und geh hin in das Land Morija und bringe ihn dort zum Brandopfer dar auf einem der Berge, den ich dir nennen werde!»* (1.Mo 22,1-2). Da stellt man sich doch unweigerlich die Frage, wie es möglich war, dass Gott so etwas Grausames von Seinem Freund verlangen konnte. Aber wir werden sehr bald den tieferen Sinn dieses Geschehens verstehen, denn es wirft Licht auf Gottes Handeln mit Seinem eigenen Sohn.

- Abraham sollte seinen Sohn auf einem Berg im Land Morija opfern. Auf diesem Berg lag wahrscheinlich das spätere Golgatha, wo Jesus als Opfer für uns starb. Golgatha, der Gipfel des Bergrückens Morija, liegt etwa 45 Meter höher als der Tempelplatz in Jerusalem.

- Abraham war bereit, seinen einzigen Sohn, dem seine ganze Liebe galt, zu töten. Genau das tat Gott später mit Seinem eingeborenen Sohn, Jesus Christus, und Er tat es für eine verlorene Menschheit.
- Zu guter Letzt musste Abraham seinen Sohn jedoch nicht opfern. Denn gerade als er im Begriff war dies zu tun, schritt der Herr ein und verhinderte es. So erhielt Abraham seinen Sohn lebend zurück. Jesus dagegen musste sterben. Doch Er blieb nicht im Tode. Er ist aus den Toten auferstanden und lebt von Ewigkeit zu Ewigkeit.

Dieses Ereignis in Abrahams Leben hatte also nicht nur ein gutes Ende, sondern wurde zu einem prophetischen Vorzeichen auf das Opfer Gottes für die Welt. Es war ein Hinweis auf den Tod und die Auferstehung Jesu, die etwa 2000 Jahre später am gleichen Ort stattfanden. Ist das nicht höchst erstaunlich? Treffend sagte jemand: «Israel ist nicht für sich selber da, sondern seine Erwählung ist der Weg, auf dem Gott zu allen kommen will.» Von daher erstaunt es nicht, dass Jesus über Abraham sagte, dass dieser im Glauben bereits auf Ihn schaute: *«Abraham, euer Vater, frohlockte, dass er meinen Tag sehen sollte; und er sah ihn und freute sich»* (Joh 8,56).

3. Zwölf Stämme für einen Mann

Als Isaak, der Sohn Abrahams, ein Mann geworden war, heiratete er und bekam mit seiner Ehefrau Rebekka Zwillingssöhne. Der eine hiess Esau, der andere Jakob. Jakob entpuppte sich als ziemlich hinterlistig. Es fiel ihm leicht, andere zu betrügen, sogar seinen eigenen Vater. Das hatte zur Folge, dass er die Flucht ergreifen und seine Heimat verlassen musste. Und doch: Trotz seiner Charakterschwächen suchte er Gott. Zahlreiche Schwierigkeiten, Nöte und Lebenskrisen brachten ihn dazu, den Herrn inständig anzurufen. Und Gott liess sich finden. Es heisst sogar, dass Er mit ihm rang. Daraufhin gab Gott Jakob einen neuen Namen. Doch zunächst fragte Er ihn: «*Was ist dein Name? Er antwortete: Jakob! Da sprach er: Dein Name soll nicht mehr Jakob sein, sondern Israel; denn du hast mit Gott und Menschen gekämpft und hast gewonnen!*» (1.Mo 32,28-29). Jakob, dessen Name nach einer hebräischen Wurzel unter anderem «Betrüger» bedeutet, sollte fortan Israel, das heisst «Gott wird kämpfen» oder «Gotteskämpfer», genannt werden. War sein Grossvater Abraham zum ersten Hebräer geworden, so wurde Jakob zum ersten Israeliten. Warum erwählte sich Gott gerade Jakob bzw. Israel, einen ehemaligen Betrüger? Darauf gibt es nur eine Antwort, die Gott mit der Feststellung beginnt: «*Ich bin der Herr, der Gott deines Grossvaters Abraham und der Gott Isaaks; das Land, auf dem du liegst, will ich dir und deinem Samen geben. Und dein Same soll werden wie der Staub der Erde, und nach Westen, Osten, Norden und Süden sollst du dich ausbreiten; und in dir und in deinem Samen sollen gesegnet werden alle Geschlechter der Erde! Und siehe, ich bin mit dir, und ich will dich behüten überall, wo du hinziehst, und dich wieder in dieses Land bringen. Denn ich will dich nicht verlassen, bis ich vollbracht habe, was ich dir zugesagt habe!*» (1.Mo 28,13-15). Die Antwort lautet also: um zu vollenden, was Er zugesagt hat!

Warum nennt man das jüdische Land auch «Eretz Israel» (Land Israel)? Warum wurde es nach Jakob (Israel) benannt und nicht nach Abraham oder Isaak? Abraham war doch derjenige, dem Gott sagte: *«Geh hinaus aus deinem Land und aus deiner Verwandtschaft und aus dem Haus deines Vaters in das Land, das ich dir zeigen werde!»* (1.Mo 12,1). Und ebenso versprach Gott Isaak das Land (1.Mo 26,1-6). Isaak war auch derjenige, der bis zu seinem Tod nie das Land verlassen hatte. Hätten diese beiden Patriarchen nicht ebenso ein Recht auf den Titel des Landesvaters gehabt? Abraham hatte zwei Söhne, Ismael von der Nebenfrau Hagar und Isaak von Abrahams rechtmässiger Frau Sara. Isaak hatte ebenso zwei Söhne, Esau und Jakob. In beiden Familien trennten sich die Brüder in jeweils zwei Nationen. Von Ismael stammen die Araber ab, während sein jüngerer Bruder Isaak die Linie für das Volk Israel fortsetzte. Und aus Isaaks erstem Sohn kamen die Edomiter, während der jüngere Jakob Israel wurde. Von der Abstammung her hätten die Älteren in beiden Familien neben Israel als ein fremdes Volk (die Araber und die Edomiter) Anspruch auf das Gelobte Land erheben können. Um dies zu umgehen, heisst das Land nicht Eretz Abraham oder Eretz Isaak. Gott wählte eine Familie, die sich nicht spaltete, sondern eins war. Und das war die Familie Jakobs, der Israel heisst (1.Mo 32,29). Israel blieb eine Nation und glaubte an ein und denselben Gott. Keine andere Nation kann auf biblischer Grundlage einen Anspruch auf dieses Land erheben, sondern nur die zwölf Söhne Israels.

Gottes Versprechen an Jakob ist sozusagen eine Wiederholung des Versprechens an Abraham. Durch die Nachkommenschaft Jakobs, der ein Enkel Abrahams war, sollen alle Geschlechter auf Erden gesegnet werden. Und Gott will über Jakob (Israel) wachen, bis Er erfüllt hat, was Er versprochen hat.

Nahezu 2000 Jahre nach dieser Aussage sprach der Israelit Jesus von Nazareth am Kreuz von Golgatha die berühmt gewordenen Worte aus: *«Es ist vollbracht!»* (Joh 19,30). Die Erlösung für alle Geschlechter auf Erden war Tatsache geworden. Wir erkennen aus diesem Zusammenhang, dass Gott Jakob nicht um seiner selbst willen wählte, weil er etwa besser, schöner oder intelligenter gewesen wäre als andere Menschen. Im Gegenteil, er war ja ein Betrüger gewesen. Die Wahl Gottes fiel einzig und allein deshalb auf Jakob, weil Jesus aus seiner Nachkommenschaft hervorgehen sollte.

Jakob wurde Vater von zwölf Söhnen, die die Stammväter der zwölf Stämme Israels werden sollten. Aus diesen zwölf Stämmen tritt einer besonders hervor: der Stamm Juda. Aus diesem Stamm sollte in künftiger Zeit der Messias Israels, das heisst Jesus Christus, kommen. Gott kündete dies etwa neunzehn Jahrhunderte vor dem Kommen Jesu an: *«Es wird das Zepter nicht von Juda weichen, noch der Herrscherstab von sei-*

nen Füssen, bis der Schilo kommt, und ihm werden die Völker gehorsam sein» (1.Mo 49,10). Das Wort «Schilo» bedeutet «Held» und ist ein Hinweis auf den Messias.

Tatsächlich war der Stamm Juda in Israel stets führend: Bei der Wüstenwanderung ging Juda voran (4.Mo 10,14). Bei der Volkszählung durch Mose erwies sich der Stamm Juda als der grösste (4.Mo 26,22). Aus Juda kamen die hervorragendsten Könige Israels, David und Salomo. In Juda stand der jüdische Tempel. Und die Königsdynastie Judas reichte bis zum höchsten aller Könige, dem Messias Israels und Christus der Welt: *«Denn es ist ja bekannt, dass unser Herr aus Juda entsprossen ist …»* (Hebr 7,14).

Durch Joseph, den zweitjüngsten Sohn Jakobs, kamen die zwölf Stämme Israels nach Ägypten. Dort lebten sie einige Jahrhunderte als Fremde und wuchsen von anfänglich 70 Menschen auf ca. zwei Millionen an (vgl. 5.Mo 10,22). Aber als Sklaven wurden sie von den Ägyptern arg bedrängt. Deshalb schrien sie zu Gott, und Gott erwählte sich Mose und dessen Bruder Aaron. Diese beiden sollten die Israeliten aus Ägypten in das Land zurückführen, das Er Abraham, Isaak und Jakob versprochen hatte. Denn später sollte Jesus im verheissenen Land zur Welt kommen. Mose sagte im Blick auf Jesus prophetisch: *«Einen Propheten wie mich wird dir der HERR, dein Gott, erwecken aus deiner Mitte, aus deinen Brüdern; auf ihn sollst du hören!»* (5.Mo 18,15).

Viele Jahrhunderte später bezogen sich Jesus und Seine Jünger auf alttestamentliche Aussagen wie die soeben zitierte (Joh 1,45; 5,39.46). Als Mose und Elia auf dem Berg der Verklärung erschienen, kam die Stimme Gottes vom Himmel und bestätigte genau die Worte, die Mose ca. 1400 Jahre zuvor über Jesus bezeugt hatte: *«Als er noch redete, siehe, da überschattete sie eine lichte Wolke, und siehe, eine Stimme aus der Wolke sprach: Dies ist mein geliebter Sohn, an dem ich Wohlgefallen habe; auf ihn sollt ihr hören!»* (Mt 17,5).

Kurz nach Seiner Kreuzigung und Auferstehung aus den Toten sprach Jesus zu Seinen Jüngern: *«Musste nicht der Christus dies erleiden und in seine Herrlichkeit eingehen?»* Und dann heisst es: *«Er begann bei Mose und bei allen Propheten und legte ihnen in allen Schriften aus, was sich auf ihn bezieht»* (Lk 24,26-27).

In den ersten sechs Büchern der Bibel wird das Evangelium in einzigartiger und gleichzeitig wunderbarer Art und Weise vorgeschattet:

- Das 1. Mosebuch schildert uns den Sündenfall und die daraus folgende Trennung des Menschen von Gott. Von nun an war der Mensch der Sünde unterworfen.
- Das 2. Mosebuch zeigt uns im Passahlamm das Opfer, dessen Blut dafür sorgte, dass der Racheengel die Israeliten in Ägypten verschonte und ihnen die Möglichkeit gab, aus der Sklaverei freizukommen. Das

versinnbildlicht uns das Opfer Jesu. Er hat durch Sein Blut die Erlösung erwirkt. Das Gericht Gottes trifft keinen mehr, der an Jesus glaubt. Durch Ihn werden wir von der Sklaverei der Sünde befreit.

- Das 3. Mosebuch beschreibt die Einsetzung der levitischen Priester, die damit verbundenen Opfer und die Stiftshütte für die Begegnung mit Gott. Das deutet auf den Hohepriester Jesus, der uns durch die Vergebung in die Gemeinschaft mit Gott zurückbringt.
- Das 4. Mosebuch schildert den Durchzug Israels durch die Wüste, verbunden mit vielen Hindernissen, Anfechtungen und Anfeindungen. Damit wird der Weg des Christen durch die Wüste dieser Welt beschrieben.
- Das 5. Mosebuch handelt vom Gehorsam und Ungehorsam Israels seinem Gott gegenüber. Der erlöste Christ wird dazu aufgerufen, kraft der Befreiung von der Sünde dem Herrn im Gehorsam nachzufolgen.
- Das Josuabuch berichtet über den Einzug Israels unter Josua (dem Nachfolger Moses) ins verheissene Land. Josua bedeutet auf Deutsch «Jesus». Dadurch wird prophetisch die Tatsache aufgezeigt, dass der Mensch nicht durch das Gesetz (Mose und Aaron) in das verheissene himmlische Land gelangen kann, sondern einzig und allein durch den himmlischen Josua, Jesus Christus. Nur durch Ihn und mit Ihm erreichen wir das Ziel, den Himmel.

Es ist sicherlich kein Zufall, dass Gott die Reihenfolge der ersten sechs Bücher der Bibel so angelegt hat. Er wollte von Anfang an, dass alles auf Jesus hinweist.

Das Hohepriesteramt Aarons, das Gott in Israel einsetzte, ist ebenfalls ein Sinnbild für Jesus als den ewigen Hohepriester. Der jüdische Hohepriester durfte nur ein einziges Mal im Jahr, nämlich am grossen Versöhnungstag, Jom Kippur, in das Allerheiligste der Stiftshütte und (später) des Tempels treten. Zuvor musste ein Opfer geschlachtet werden. Dann trug der Hohepriester das Blut für sich und das Volk in das Allerheiligste, um Versöhnung zu erwirken. Das Neue Testament macht deutlich, dass Jesus Christus der ewige Hohepriester ist, der mit Seinem eigenen Blut Versöhnung für die ganze Welt erwirkt hat und damit in das Allerheiligste des Himmels ging: *«Das Gesetz hat nichts zur Vollkommenheit gebracht –, zugleich aber die Einführung einer besseren Hoffnung, durch die wir Gott nahen können. …* er (Jesus) *aber hat, weil er in Ewigkeit bleibt, ein unübertragbares Priestertum. Daher kann er auch diejenigen vollkommen erretten, die durch ihn zu Gott kommen, weil er für immer lebt, um für sie einzutreten. Denn ein solcher Hoherpriester tat uns not, der heilig, unschuldig, unbefleckt, von den Sündern abgesondert und höher als die Himmel ist, der es nicht wie die Hohenpriester täglich nötig hat, zuerst für die eigenen Sünden Opfer darzubringen, danach für die des Volkes; denn dieses Letztere hat er ein für alle Mal getan, indem er sich selbst als Opfer darbrachte»* (Hebr 7,19.24-27).

Während der langen Zeit der Wüstenwanderung kam es immer wieder zur Konfrontation mit Feinden, die Israel vernichten wollten. Doch Gott hielt jedes Mal Seine schützende Hand über das Volk. Warum Er das tat, kommt in einer Begebenheit in 4. Mose (Kap 22 bis 24) besonders stark zum Ausdruck: Der Moabiterkönig Balak wollte Israel verfluchen. Zu diesem Zweck heuerte er einen Wahrsager namens Bileam an. Aber Gott lenkte Bileams Herz um, sodass er keine okkulte Wahrsagerei betreiben konnte, sondern eine göttliche Prophezeiung aussprechen musste. Diese lautete: *«Ich sehe ihn, aber jetzt noch nicht; ich schaue ihn, aber noch nicht in der Nähe. Ein Stern tritt hervor aus Jakob, und ein Zepter erhebt sich aus Israel …»* (4.Mo 24,17).

Wer ist wohl mit dem Stern gemeint, was mit dem Zepter? Etwa 1400 Jahre später wurde Jesus in Bethlehem geboren, und in Verbindung damit erschien der inzwischen weltberühmt gewordene «Stern von Bethlehem» am Himmel. Darüber hinaus deutet der Stern auf den «leuchtenden Morgenstern». Und das Zepter ist ein Hinweis auf die zukünftige Königsherrschaft Jesu. Er wird wiederkommen und über die ganze Welt herrschen. *«Er trägt an seinem Gewand und an seiner Hüfte den Namen geschrieben: ‹König der Könige und Herr der Herren›»* (Offb 19,16). Jesus Christus selbst sagt auf der letzten Seite der Bibel: «*Ich, Jesus, habe meinen Engel gesandt, um euch diese Dinge für die Gemeinden zu bezeugen. Ich bin die Wurzel und der Spross Davids, der leuchtende Morgenstern … Es spricht, der dies bezeugt: Ja, ich komme bald! Amen. – Ja, komm, Herr Jesus!*» (Offb 22,16.20).

Israel konnte in der Vergangenheit nie vernichtet werden, weil der Messias Jesus Christus als Stern aus Jakob durch dieses Volk in die Welt kommen sollte. Und ebenso wenig wird Israel heute oder in der Zukunft ausgelöscht werden können, weil der Herr in Seinem Volk und Land wiederkommen will und wiederkommen wird.

4. Zeitgeschichte auf den Punkt gebracht

Nach 40 Jahren Wüstenwanderung wurden die zwölf Stämme Israels durch Josua, Moses Nachfolger, in das von Gott verheissene Land Kanaan geführt. Dieses Land sollte fortan ihre Heimat sein. Die Geschichte Israels nahm ihren Lauf. 450 lange und beschwerliche Jahre mit vielen Höhen und Tiefen vergingen. Feinde bedrohten und bekämpften Israel, es selbst versagte, war seinem Gott ungehorsam und fiel in schreckliche Sünden. Doch in dieser Zeit gebrauchte Gott eine jüdische Frau, Hanna, um die erste direkte Prophezeiung auf den kommenden Messias auszusprechen: *«Die Widersacher des HERRN werden zerschmettert werden; er wird über sie donnern im Himmel. Der HERR wird die Enden der Erde richten und wird seinem König Macht verleihen und das Horn seines Gesalbten erhöhen!»* (1.Sam 2,10). «Gesalbter» bedeutet in der hebräischen Sprache «Messias» und in der griechischen Sprache «Christus». Diese Prophezeiung wurde ca. 1100 Jahre vor dem Erscheinen des Christus von Gottes wegen ausgesprochen.

Nach Saul, dem ersten König Israels, den Gott wegen seines Ungehorsams und seiner Untreue verwarf, wurde ein zweiter König berufen, der in die Weltgeschichte einging: David. David war ein Mann nach dem Herzen Gottes, obwohl auch er manche Schwächen hatte. Doch er liebte Gott und vertraute und diente Ihm. Eines Tages gab der Herr ihm eine ganz spezielle Verheissung: *«Es wird geschehen, wenn deine Tage erfüllt sind, sodass du zu deinen Vätern hingehst, so will ich deinen Samen nach dir erwecken, der von deinen Söhnen sein wird; und ich werde sein Königtum bestätigen. Der wird mir ein Haus bauen, und ich werde seinen Thron auf ewig befestigen. Ich will sein Vater sein, und er soll mein Sohn sein. Und ich will meine Gnade nicht von ihm weichen lassen, wie ich sie von dem weichen liess, der vor dir war; sondern ich will ihn auf ewig über mein Haus und mein Königreich einsetzen, und sein Thron soll auf ewig fest stehen!»* (1.Chr 17,11-14). Bei den Worten *«Der Same nach dir, der von deinen Söhnen kommen wird»*, ging es nicht um Salomo, den Sohn und Thronfolger Davids, auch nicht um einen seiner anderen Söhne, sondern um einen ganz spezifischen König, der aus der davidischen Linie kommen sollte. Es ging um Jesus, den Sohn Gottes. Jesus hatte keinen irdischen Vater, aber Er wurde von einer jüdischen Jungfrau aus der Linie Davids geboren. Nur Sein Königtum wird ewig Bestand haben, denn es ist himmlischen Ursprungs. Ungefähr 1000 Jahre später kündigte der Engel Gabriel Maria die Geburt Jesu mit den Worten an: *«Dieser wird gross sein und Sohn des Höchsten genannt werden; und Gott der Herr wird ihm den Thron seines Vaters David geben; und er wird regieren über das Haus Jakobs in Ewigkeit, und sein Reich wird kein Ende haben»* (Lk 1,32-33). Der Apostel Paulus sagte diesbezüglich: *«Nachdem er ihn* (Saul) *abgesetzt hatte, erweckte er ihnen David zum König, von dem er auch Zeugnis gab und sprach: ‹Ich habe David gefunden, den Sohn des Isai, einen Mann nach meinem Herzen, der allen meinen Willen tun wird.› Von dessen Samen hat nun Gott nach der Verheissung für Israel Jesus als Retter erweckt»* (Apg 13,22-23).

König David eroberte Jerusalem (vormals eine Jebusiterstadt). Er baute es aus und machte es zur Hauptstadt seines Reiches (2.Sam 5,6-7). Jerusalem war jedoch schon viel früher von Gott für Israel bestimmt worden. Aus dieser Stadt kam bereits 1000 Jahre vorher der Priester-König Melchisedek. Als Abram (Abraham) von einem Krieg zurückkehrte und durch Melchisedeks Hoheitsgebiet zog, brachte dieser Abraham Brot und Wein (1.Mo 14,18). Es wird ausdrücklich gesagt, dass Melchisedek nicht nur König, sondern auch Priester Gottes, des Allerhöchsten war. Als solcher segnete er Abram und sprach: *«Gesegnet sei Abram von Gott, dem Allerhöchsten, dem Besitzer des Himmels und der Erde! Und gelobt sei Gott, der Allerhöchste, der deine Feinde in deine Hand gegeben hat! Und Abram gab ihm den Zehnten von allem»* (1.Mo 14,19-20).

Melchisedek ist ein prophetischer Typus auf Jesus, den Messias Israels. Er kam auch aus Salem (Jerusalem), was «Friede» bedeutet. Dort in Jerusalem starb der Herr Jesus. Drei Tage später auferstand Er aus den Toten, um allen Frieden zu schenken, die an Ihn glauben. Von dieser Stadt wird weltweiter Frieden ausgehen, denn Jesus wird nach Jerusalem zurückkehren.

Melchisedek erschien als König und Priester mit Brot und Wein, was uns an das Abendmahl erinnert. Jesus ist König und Priester zugleich und Er gab, in Anlehnung an das Brot und den Wein bei Melchisedek, Seinen Leib und Sein Blut zu unserer Erlösung. Das erkennen wir aus Seinen Einsetzungsworten beim Abendmahl.

Im Neuen Testament wird noch etwas mehr über diesen geheimnisvollen König-Priester gesagt: *«Denn dieser Melchisedek war König von Salem, ein Priester Gottes, des Allerhöchsten; er kam Abraham entgegen, als der von der Niederwerfung der Könige zurückkehrte, und segnete ihn. Ihm gab auch Abraham den Zehnten von allem. Er wird zuerst gedeutet als ‹König der Gerechtigkeit›, dann aber auch als ‹König von Salem›, das heisst König des Friedens. Er ist ohne Vater, ohne Mutter, ohne Geschlechtsregister und hat weder Anfang der Tage noch Ende des Lebens; und als einer, der dem Sohn Gottes verglichen ist, bleibt er Priester für immer»* (Hebr 7,1-3). Indem Abraham dem König-Priester Melchisedek den zehnten Teil von allem gab, was er besass, unterstellte er sich ihm.

Melchisedek wird als der König der Gerechtigkeit und des Friedens bezeichnet, was sich in vollkommener Weise auf Jesus bezieht. Interessanterweise wird Melchisedek auch in keinem Geschlechtsregister erwähnt. Ja, es wird sogar ausdrücklich darauf hingewiesen, dass er keinen Vater und keine Mutter hat. Somit weiss man weder über den Anfang noch über das Ende dieses Königs etwas. Warum das so ist, erklärt der kurze Satz: *«Als einer, der dem Sohn Gottes verglichen ist.»*

Melchisedek sollte also schattenhaft auf Jesus Christus hinweisen. Er sollte ein prophetischer Hinweis auf den grossen, aus der Ewigkeit kommenden König sein.

Wir erkennen hier den eigentlichen tiefen Sinn und Zweck der Erwählung Jerusalems für die Juden. Diese Stadt wurde ihnen mit dem Ziel gegeben, ein Gefäss für das erste Kommen Jesu zur Erlösung der Welt und für Sein zweites Kommen in Kraft und Herrlichkeit zu sein. Bei Seinem Wiederkommen wird Er den Nationen Gerechtigkeit und Frieden bringen. Nur im Blick auf diese Tatsache konnte David über Jerusalem weissagen: *«Der Herr, der Gott Israels, hat seinem Volk Ruhe gegeben, und er wird auf ewig in Jerusalem wohnen»* (1.Chr 23,25).

Später hielt Gott Einzug im Tempel zu Jerusalem und wohnte im Allerheiligsten. Doch damit liess Er es nicht bewenden, denn vor etwas mehr als 2000 Jahren erschien Gott als Mensch in der Person von Jesus Christus, um auf dem Hügel Golgatha, vor den Toren Jerusalems, für die Sünden der Menschheit zu sterben. Und eines Tages wird Er nach Jerusalem zurückkehren, um von dort aus als König über die ganze Welt zu herrschen. Deshalb sagte Jesus, als Er als Messias auf Erden war, über die Stadt Jerusalem: *«... sie ist die Stadt des grossen Königs»* (Mt 5,35). Aufgrund dieser Wahrheiten verstehen wir, warum Jerusalem und damit Israel so heiss umstritten ist. Es ist letztlich ein Kampf zwischen Licht und Finsternis.

Blenden wir nochmals zurück: David kaufte von einem Jebusiter namens Ornan eine Tenne auf dem Berg Morija, ganz in der Nähe des Ortes, wo Abraham bereit gewesen war, seinen Sohn Isaak zu opfern (1.Chr 21,22-27). Eine Tenne war dazumal ein ebener Platz mit einem harten Boden. Manchmal wurde er noch planiert und ausgebessert. Die Ränder des Platzes wurden zusätzlich mit Steinen befestigt. Die Tenne musste hoch genug liegen, damit man das Getreide darauf dreschen und worfeln konnte. Beim Worfeln (Reinigen des Getreides) wurden die Getreidekörner mit einer Schaufel in die Luft geworfen, sodass die leeren Hülsen vom Wind weggetragen wurden.

Auf dem für diesen Zweck sehr geeigneten Platz errichtete Salomo, der Sohn und Thronerbe Davids, später den Tempel. Gott hatte durch einen Seiner Diener prophezeien lassen, Er habe diesen Tempel für den Empfang des Messias bestimmt: *«Siehe, ich sende meinen Boten, der vor mir her den Weg bereiten soll; und plötzlich wird zu seinem Tempel kommen der Herr, den ihr sucht; und der Bote des Bundes, den ihr begehrt, siehe, er kommt! spricht der* HERR *der Heerscharen»* (Mal 3,1). Tatsächlich erschien zuerst Johannes der Täufer als Vorbote des Herrn Jesus und kurz darauf der Herr selbst, der im Tempel ein und aus ging.

David war es auch, der den tiefsinnigsten aller Psalmen verfasste, in dem es heisst: *«Mein Gott, mein Gott, warum hast du mich verlassen?»* (Ps 22,2). Exakt diesen Satz betete Jesus, als er zehn Jahrhunderte später am Kreuz von Golgatha hing. Ein heidnischer Hauptmann, der aller Wahrscheinlichkeit nach die Kreuzigung befehligte, rief daraufhin voller Verwunderung aus: «*Wahrhaftig, dieser war Gottes Sohn!*» (vgl. Mt 27,45-54). Und die Soldaten des Hauptmanns stimmten ihm zu.

Später begann Gott, immer mehr Propheten zu berufen, die – je nach Situation und Auftrag – Israel ermahnten oder trösteten. Vor allem aber erhielten sie eine Schau in die Zukunft, um über die erste Ankunft und über das Wiederkommen des Messias zu prophezeien. Aus der Fülle dieser Weissagungen seien zwei herausgegriffen.

Erstens: Der Prophet Jesaja, der hauptsächlich in Jerusalem und dessen Umgebung wirkte, lebte im 7. Jahrhundert vor Christus. Er hatte im Auftrag Gottes viele zukunftsbezogene Ankündigungen zu machen. Mit zu den bekanntesten gehört Jesaja 53,4-9: «*Fürwahr, er hat unsere Krankheit getragen und unsere Schmerzen auf sich geladen; wir aber hielten ihn für bestraft, von Gott geschlagen und niedergebeugt. Doch er wurde um unserer Übertretungen willen durchbohrt, wegen unserer Missetaten zerschlagen; die Strafe lag auf ihm, damit wir Frieden hätten, und durch seine Wunden sind wir geheilt worden. Wir alle gingen in die Irre wie Schafe, jeder wandte sich auf seinen Weg; aber der HERR warf unser aller Schuld auf ihn. Er wurde misshandelt, aber er beugte sich und tat seinen Mund nicht auf, wie ein Lamm, das zur Schlachtbank geführt wird, und wie ein Schaf, das verstummt vor seinem Scherer und seinen Mund nicht auftut. Infolge von Drangsal und Gericht wurde er weggenommen; wer will aber sein Geschlecht beschreiben? Denn er wurde aus dem Land der Lebendigen weggerissen; wegen der Übertretung meines Volkes hat ihn Strafe getroffen. Und man bestimmte sein Grab bei Gottlosen, aber bei einem Reichen war er in seinem Tod, weil er kein Unrecht getan hatte und kein Betrug in seinem Mund gewesen war.»* Mit diesen überaus deutlichen Worten, die keiner weiteren Erklärung bedürfen, schildert Jesaja die Kreuzigung Jesu – etwa 700 Jahre, bevor sie geschah! Darüber hinaus gibt es im Alten Testament etwa 300 Weissagungen, die sich auf das erste Kommen Jesu beziehen, und alle haben sich in Christus buchstäblich erfüllt. Kein Religionsbuch dieser Welt kann einem Vergleich standhalten. So gibt es zum Beispiel im Koran keine einzige Prophezeiung, die die Ankunft Mohammeds angekündigt hätte. Auch bei Buddha und anderen Persönlichkeiten der Religionsgeschichte war dies nicht der Fall.

Nun könnte man einwenden, diese Prophezeiung Jesajas sei erst nachträglich geschrieben worden. Doch dieser Einspruch lässt sich schnell widerlegen. Denn in den Jahren 1947-1956 n.Chr. wurden in Höhlen am Toten

Meer die berühmten Qumran-Rollen entdeckt. Nahezu das ganze Alte Testament wurde gefunden, und so auch die komplette Jesajarolle. Bei diesen alttestamentlichen Schriftstücken handelt es sich um Abschriften des Originals. Nach einer wissenschaftlichen Untersuchung der Jesajarolle durch die Universität Zürich wurde deren Alter auf 150-200 Jahre v.Chr. datiert. Das bedeutet, dass das Jesajabuch mit Sicherheit eine Prophezeiung ist, die mehrere Jahrhunderte vor Christus ausgesprochen wurde. Wir können somit zweifelsfrei davon ausgehen, dass diese Prophezeiung im Original von Jesaja stammt. Im Übrigen ist die Jesajarolle mit dem Jesajabuch in unserer Bibel 100-prozentig identisch. Das bedeutet, dass es über die Jahrhunderte hinweg keine Veränderung gab. Gott hat über Seinem Wort gewacht!

Es ist übrigens bemerkenswert, dass diese alttestamentlichen Schriftstücke ausgerechnet zu jener Zeit in den Höhlen von Qumran gefunden wurden, als das jüdische Volk ab 1947 wieder zu einem Staat im eigenen Land wurde. Es ist, als wollte Gott dadurch zeigen, dass die Zeit gekommen war, wo Er die den Vätern Israels gegebenen Verheissungen zu erfüllen begann. Alles weist darauf hin, dass wir uns der Enderfüllung der Prophezeiungen Gottes nähern und in der Zeit leben, in der Jesus bald zurückkommt.

Zweitens: Etwa zur gleichen Zeit wie Jesaja lebte und wirkte ein anderer Prophet in der Gegend von Judäa.

Durch diesen Propheten, Micha, kündigte Gott den Geburtsort Jesu an: «*Du, Bethlehem Efrata, das du klein unter den Tausendschaften von Juda bist, aus dir wird mir der hervorgehen, der Herrscher über Israel sein soll; und seine Ursprünge sind von der Urzeit, von den Tagen der Ewigkeit her*» (Mi 5,1, r.Elb).

Tatsächlich wurde der Herr Jesus 700 Jahre später in Bethlehem geboren, denn wir lesen im Neuen Testament: «*Als nun Jesus geboren war in Bethlehem in Judäa, in den Tagen des Königs Herodes, siehe, da kamen Weise aus dem Morgenland nach Jerusalem*» (Mt 2,1). Der ewige Gott wurde in Jesus Christus in dem kleinen und unbedeutenden Dorf Bethlehem Mensch. Die Bibel erklärt im Blick auf das Volk Israel: «... *von ihnen stammt dem Fleisch nach der Christus, der über alle ist, hochgelobter Gott in Ewigkeit. Amen!*» (Röm 9,5).

Obwohl wir hier nur einige Facetten des Alten Testaments beleuchtet haben (es gibt deren unzählige), zieht sich die Linie, die auf Jesus Christus hinläuft, wie ein roter Faden durchs Ganze. Die Prophezeiung Gottes an Abraham hat sich erfüllt: Er sollte ein Land erhalten, zu einer grossen Nation werden und für alle Völker ein Segen sein. All dies wurde Tatsache, damit der Gottessohn Jesus Christus auf diese Erde kommen konnte. So wurde den Juden im Hinblick auf die Geburt Jesu das Land gegeben. Israel wurde zu einem Volk, damit der Messias aus diesem Volk kommen konnte.

Und der Segen bestand darin, dass Jesus Christus als Jude in Israel geboren wurde und dort das Heil für die Welt erwirkte.

Immer wieder und durch alle Jahrhunderte hindurch hat der Widersacher Gottes den göttlichen Plan zu durchkreuzen versucht. Feindlich gesinnte Menschen, ganze Nationen (und oftmals auch das Verhalten von Israel selbst), hätten Israel fast von der Bildfläche verschwinden lassen. Aber niemandem ist es gelungen, dieses Volk zu vernichten, weil der allmächtige Gott es verhinderte, weil Er Seinen Plan erfüllen wollte – und will. Wer einen Gottesbeweis haben will, der schaue sich die Juden an!

Bei Israels Geschichte und Existenz geht es nicht um Israel selbst, sondern um die Berufung Gottes zum Heil der Völker durch Jesus Christus: *«Denn von ihm und durch ihn und für ihn sind alle Dinge; ihm sei die Ehre in Ewigkeit! Amen»* (Röm 11,36). *«Von diesem legen alle Propheten Zeugnis ab, dass jeder, der an ihn glaubt, durch seinen Namen Vergebung der Sünden empfängt»* (Apg 10,43). Nicht umsonst heisst es von Israel auch, dass es der Mittelpunkt der Erde sei (Hes 38,12). Tatsächlich ist Israel Schnittpunkt dreier Kontinente. Deshalb konnte das Evangelium von dort aus am schnellsten in alle Welt verbreitet werden. Dort wurde die Geschichte auf den Punkt gebracht, und der heisst Jesus!

5. Israels Vergangenheit und Zukunft

Gott der Herr sprach durch den Propheten Jesaja: «*Gedenkt an das Frühere von der Urzeit her, dass ich Gott bin und keiner sonst; ein Gott, dem keiner zu vergleichen ist. Ich verkündige von Anfang an das Ende, und von der Vorzeit her, was noch nicht geschehen ist. Ich sage: Mein Ratschluss soll zustande kommen, und alles, was mir gefällt, werde ich vollbringen. Ich berufe von Osten her einen Adler und aus fernen Ländern den Mann meines Ratschlusses. Ja, ich habe es gesagt, ich führe es auch herbei; ich habe es geplant, und ich vollbringe es auch. Hört mir zu …»* (Jes 46,9-12). Die Aussagen Gottes haben sich in der Geschichte Israels 100-prozentig erfüllt. Somit können wir davon ausgehen, dass sich auch die noch ausstehenden Verheissungen 100-prozentig erfüllen werden. Wir haben also guten Grund, auf Gott zu hören!

Weil Israel ungehorsam war, liess Gott ihm durch Seine Propheten sagen, dass Jerusalem durch die Babylonier eingenommen, der Tempel zerstört und das Volk in die Gefangenschaft Babylons abgeführt werde. Mose sagte das bereits zu einer Zeit voraus, als Israel noch nicht einmal im verheissenen Land war. *«Deine Söhne und deine Töchter werden einem anderen Volk gegeben werden, und deine Augen müssen es ansehen und den ganzen Tag nach ihnen schmachten, aber deine Hand wird machtlos sein. Die Frucht deines Landes und alles, was du erarbeitet hast, wird ein Volk verzehren, von dem du nichts wusstest; und du wirst nur unterdrückt und misshandelt werden alle Tage; und du wirst wahnsinnig werden von dem, was deine Augen sehen müssen. … Der Herr wird dich und deinen König, den du über dich setzen wirst, zu einem Volk führen, das du nicht kennst, auch deine Väter nicht, und du wirst dort anderen Göt-*

tern dienen, Holz und Steinen. ... Der HERR wird ein Volk aus der Ferne gegen dich aufbieten, vom Ende der Erde, das wie ein Adler daherfliegt, ein Volk, dessen Sprache du nicht verstehen kannst» (5.Mo 28,32-34.36.49). Dies erfüllte sich 586 v.Chr. buchstäblich. Der babylonische König Nebukadnezar kam mit seinen Truppen nach Israel, nahm Jerusalem ein und zerstörte den Tempel. Der König, der zu dieser Zeit in Juda regierte und von dem Mose gesprochen hatte, hiess Zedekia. Doch Gott beschloss in Seiner Barmherzigkeit nicht den völligen Untergang Israels, sondern versprach, dass die babylonische Herrschaft lediglich 70 Jahre dauern werde. Danach werde Er Israel in seine Heimat zurückbringen: *«Fürwahr, so spricht der HERR: Wenn die 70 Jahre für Babel gänzlich erfüllt sind, werde ich mich euer annehmen und mein gutes Wort, euch an diesen Ort zurückzubringen, an euch erfüllen. Denn ich weiss, was für Gedanken ich über euch habe, spricht der HERR, Gedanken des Friedens und nicht des Unheils, um euch eine Zukunft und eine Hoffnung zu geben»* (Jer 29,10-11).

609 v.Chr. war Babylon endgültig Weltmacht. Doch im Jahre 539 v.Chr. kamen die Perser unter dem König Kyros und besiegten die Babylonier. Zu dieser Zeit (538 v.Chr.) erlaubte Kyros den Israeliten, in ihre Heimat zurückzukehren, das Land wieder zu besiedeln und den Tempel neu zu bauen. Die Herrschaft Babylons dauerte also exakt 70 Jahre.

Die Eckdaten über Babylons Aufstieg zur Weltmacht und ihren Untergang sehen wie folgt aus:

- 616 v.Chr. erste Siege der Babylonier über die Assyrer
- 614 v.Chr. fiel Assur
- 612 v.Chr. fiel Ninive
- 610 v.Chr. wurde Harran von den Babyloniern besetzt
- 609 v.Chr. versuchten die Ägypter und Assyrer (von Karkemisch aus) Harran zurückzuerobern. Der Versuch scheiterte, Assyrien, oder was davon übrig geblieben war, verschwand sang- und klanglos von der Bildfläche. Babylon war somit ab 609 v.Chr. uneingeschränkte und alleinige Weltmacht
- 605 v.Chr. wurde Jerusalem von den Babyloniern das erste Mal besetzt, es kam zur ersten Wegführung der Juden, worunter sich auch der Prophet Daniel befand (Dan 1,1)
- 597 v.Chr. kam es zu einer weiteren Wegführung von Juden aus Israel, wozu auch Hesekiel gehörte (Hes 1,2)
- 586 v.Chr. wurde Jerusalem zerstört, und es kam zu einer weiteren Deportation von Juden
- 582/581 v.Chr. kam es zu einer vierten Wegführung (Jer 52,27-30)
- 538 v.Chr. erging der Erlass des persischen Königs zur Rückführung der Juden in ihre Heimat und zum Wiederaufbau des Tempels (Esr 1,1)

- 539 v.Chr. wurde Babylon vollständig von den Persern erobert (Dan 5-6)

609 – 539 = 70: Das Wort des Herrn über Babylon erfüllte sich hundertprozentig.

Warum beschränkte der Herr die Zeit der Herrschaft Babylons auf 70 Jahre und führte Israel dann wieder in ihre Heimat zurück? Hatte sich das Volk verändert? Hatte es Busse getan? War es innerlich zu seinem Gott zurückgekehrt? Nein! Die Antwort finden wir in Jesaja 45,4, wo Gott Kyros wissen lässt: *«Um Jakobs, meines Knechtes, und Israels, meines Auserwählten willen habe ich dich bei deinem Namen gerufen; und ich habe dir einen Ehrennamen gegeben, ohne dass du mich kanntest.»* Etwa 170 Jahre vor dem Auftreten von Kyros nannte Jesaja ihn, inspiriert durch den Heiligen Geist, bereits beim Namen (Jesaja 45,1ff)! Kyros, der ein heidnischer König war und somit den Gott Israels nicht kannte, diente Ihm dennoch, indem er dazu beitrug, dass sich Gottes Wort erfüllte. Um der göttlichen Erwählung Israels willen musste er das Volk Gottes in seine Heimat entlassen. Der Allmächtige bewegt und lenkt die Weltpolitik so, dass sie Seinem Willen entsprechen muss und Er mit Seinem Volk zum Ziel kommt (Esr 1,1ff). In gleicher Art und Weise geht es auch heute. Der jüdische Staat ist kein Zufallsprodukt oder eine Errungenschaft der Vereinten Nationen, sondern entspringt dem Wirken des Gottes Israels innerhalb der Nationen.

Alles was heute auf weltpolitischer Ebene geschieht, sei es pro oder kontra Israel, dient letztlich dem heilsgeschichtlichen Plan Gottes.

Was war der tiefere Grund für Israels Freilassung? Antwort: Gottes Verheissungen an die Väter Israels mussten sich erfüllen. Der Messias sollte als Jude in Israel geboren werden. Das aber war nur möglich, wenn die Juden wieder in ihrer Heimat waren, einen eigenen Staat hatten, das Land besiedelten und einen neuen Tempel besassen. Denn Jesus sollte in Bethlehem geboren werden, in Seinen Tempel gehen, in Jerusalem sterben und aus den Toten auferstehen. Dort in Jerusalem sollte die Erlösung der Welt vollbracht werden. Somit mussten die Juden zwangsläufig in ihr Land zurück. Wieder liegt der Grund dafür also einzig und allein in Jesus. Im Neuen Testament heisst es dazu: *«Als aber die Zeit erfüllt war, sandte Gott seinen Sohn, geboren von einer Frau und unter das Gesetz getan»* (Gal 4,4).

Als Jesus kam, lehnte Ihn die Führungsschicht Israels ab, was dazu führte, dass Er gekreuzigt wurde. Kurz vor Seinem Tod weissagte der Herr über Jerusalem: *«Jerusalem, Jerusalem, die du die Propheten tötest und steinigst, die zu dir gesandt sind! Wie oft habe ich deine Kinder sammeln wollen, wie eine Henne ihre Küken unter die Flügel sammelt, aber ihr habt nicht gewollt! Siehe, euer Haus wird euch verwüstet gelassen werden; denn ich sage euch: Ihr werdet mich von jetzt an nicht mehr sehen, bis ihr sprechen werdet: ‹Gepriesen sei der, welcher kommt im Namen des Herrn!›»* (Mt 23,37-39). Jesus kündigte auch an anderen Stellen an, dass Jerusalem erneut durch Feindesmacht eingenommen, der Tempel zerstört und das Volk zerstreut würde, dieses Mal jedoch in alle Welt (Lk 21,5-7.20-24). Diese Worte erfüllten sich 70 n.Chr. Die Römer zerstörten Jerusalem, verbrannten den Tempel und führten unzählige Juden in die Gefangenschaft unter die Heidenvölker. Ob es Zufall war, dass die Zerstörung des zweiten Tempels Jahrhunderte später genau an demselben Tag geschah wie die Zerstörung des ersten Tempels durch die Babylonier, nämlich am 9. Av (Juli/August)?

Das Wörtchen «bis» in Matthäus 23,39 hat eine nicht geringe Bedeutung. Es schlägt sozusagen eine Brücke und macht deutlich, dass das Volk auch dieses Mal nicht für immer zerstreut bleiben wird, sondern dass es in späteren Zeiten zu einer erneuten Rückführung der Juden aus aller Welt in ihre Heimat kommen wird. Und tatsächlich gibt es seit 1948, nach etwa 1900 Jahren Diaspora, wieder einen jüdischen Staat, und seit 1967 gehört Jerusalem wieder den Israeliten! Das kleine Wort «bis» widerlegt übrigens auch die sogenannte Ersatztheologie, die besagt, die Kirche sei an die Stelle Israels gerückt und somit habe das jüdische Volk keine Zukunft mehr. Israels Geschichte ist die Geschichte des Handelns Gottes in dieser Welt. Gott handelt mit Israel und schreibt so Seine Weltgeschichte. Israel ist sozusagen der Griffel in Gottes Hand. Diesen Griffel hat der Herr nicht weggeworfen, Er hat ihn vielmehr immer wieder aufgenommen, um damit weiterzuschreiben. Und am Ende wird Er damit auch den Schlusspunkt der Geschichte setzen.

Die Kirche bzw. die christliche Gemeinde ist kein Radiergummi, das die Zeilen Gottes, die Er mit dem Griffel Israels schrieb, ausradieren könnte. Vielmehr ist auch die Geschichte der Christenheit mit einem jüdischen Griffel geschrieben. Trotz allem Versagen vonseiten Israel und trotz aller Turbulenzen in der Weltgeschichte, hat Gott an Israel festgehalten, sodass es noch immer existiert und den Völkern lebendig vor Augen gesetzt ist.

> 1933 hatte der Theologe und Professor Karl Barth den Mut gehabt, Adolf Hitler eine seiner Predigten als Geburtstagsgeschenk zu schicken. Darin war zu lesen, dass die Juden, wie es im AT heisst, ‹Gottes Augapfel› sind. Ein Zentralgedanke seiner Theologie war, dass Jesus Christus den Bund, den Gott mit Israel geschlossen hat, nicht aufgehoben hat. Die Juden sind und bleiben Gottes Volk, daneben, nicht an ihrer Stelle, steht die christliche Kirche. Karl Barth hat später Deutschland verlassen müssen, weil er als Professor den Beamteneid auf Hitler verweigert hatte.[1]

Warum liess der allmächtige Gott die Juden zurückkehren und weshalb gab Er ihnen ihr Land wieder zurück? Was war der tiefere Grund? Sie waren doch in der Zerstreuung nicht besser geworden. Und noch immer lehnt der grösste Teil Israels den Herrn Jesus ab. Der Grund ist der gleiche wie bei der Rückführung der Juden aus der babylonischen Gefangenschaft. Sie kehrten aus dieser ersten Gefangenschaft zurück, damit Jesus das erste Mal in diese Welt kommen konnte (Bethlehem). Das zweite Mal kehrten und kehren sie aus der weltweiten Zerstreuung zurück, damit Jesus das zweite Mal – diesmal in Herrlichkeit – zurückkommen kann! Seine Rückkehr ist also wiederum mit der Existenz eines jüdischen Volkes im eigenen Land verbunden.

Die Propheten haben im Auftrag des lebendigen Gottes an unzähligen Stellen geweissagt, dass der Herr Jesus in Jerusalem wiederkommen wird (Seine Füsse werden laut Sacharja auf den Ölberg stehen), Er Sein Volk retten und von Jerusalem aus die ganze Welt regieren wird. Es muss und wird in der Geschichte Israels zu einem Punkt kommen, wo diejenigen, die Ihn einst ablehnten und riefen: *«Wir wollen nicht, dass dieser über uns herrsche!»* (Lk 19,14), rufen werden: *«Gepriesen sei der, welcher kommt im Namen des Herrn!»* (Mt 23,39).

Jesus selbst hat versprochen, dass Er eines Tages zurückkehren wird: *«Dann wird man den Sohn des Menschen in den Wolken kommen sehen mit grosser Kraft und Herrlichkeit. Und dann wird er seine Engel aussenden und seine Auserwählten sammeln von den vier Windrichtungen, vom äussersten Ende der Erde bis zum äussersten Ende des Himmels»* (Mk 13,26-27). Ja, der Herr wird zurückkehren, um dann auch noch die letzten Juden aus der Diaspora in das Land Israel zurückzubringen. Wiewohl Israel in der kommenden Zeit noch durch sehr viel Not, kriegerische Auseinandersetzungen und grosse Trübsal gehen muss, ist doch jeder Versuch judenfeindlicher Nationen sinnlos, Israel auslöschen und von der Landkarte austilgen zu wollen. Es wird ihnen nicht gelingen. Das besagt Matthäus 24,34-35: «*Wahrlich, ich sage euch: Dieses Geschlecht wird nicht vergehen, bis dies alles geschehen ist. Himmel und Erde werden vergehen, aber meine Worte werden nicht vergehen.*» Das unübersehbare Zeichen der Heimkehr der Juden in ihr Land besagt, dass die Wiederkehr Jesu in greifbare Nähe gerückt ist, denn der einzige Sinn und Zweck der Wiederherstellung Israels ist die Wiederkunft des Herrn Jesus: «*Am Ende der Tage werdet ihr es verstehen. Zu jener Zeit, spricht der HERR, werde ich der Gott aller Geschlechter Israels sein, und sie werden mein Volk sein. So spricht der HERR: Ein Volk, das dem Schwert entflohen ist, hat Gnade gefunden in der Wüste. Ich will gehen, um Israel zur Ruhe zu bringen!*» (Jer 30,24-31,2). Am Ende der Tage wird das jüdische Volk, das dem Schwert entflohen ist – das zum Beispiel aus dem schrecklichsten aller Völkermorde, dem Holocaust des Zweiten Weltkriegs gekommen ist – Gnade finden «in der Wüste». Die verwüsteten Stätten seiner Heimat werden wieder aufgebaut (Hes 36,33-36). Typisch für die Verwirklichung dieser göttlichen Zusage ist die heutige Grossstadt Tel Aviv, die vor ungefähr 100 Jahren auf den Sanddünen des Mittelmeers errichtet wurde. Aus anfänglich armseligen Hütten wurde eine Stadt, die sich heute sehr wohl sehen lassen kann. Unsere Generation ist Augenzeuge der Erfüllung all dieser biblischen Prophezeiungen. Israels Rückkehr und der Wiederaufbau des Landes wird letztendlich dazu führen, dass der Herr zurückkommt und Israel der Ruhe im messianischen Reich zuführt (Hebr 4,8-9).

Mit dem Faktum, dass die Juden heute wieder im eigenen Land zu Hause sind und einen eigenen Staat besitzen, hat Gott ein Zeichen gesetzt. Wir, die wir eine andere Staatsangehörigkeit haben, sollten dies beachten, denn die Bibel sagt: «*Er wird ein Zeichen* (andere übersetzen ‹Banner›) *aufrichten unter den Völkern und zusammenbringen die Verjagten Israels und die Zerstreuten Judas sammeln von den vier Enden der Erde*» (Jes 11,12, Lth 84). Ein Banner ist eine Fahne mit einem Feld- bzw. Hoheitszeichen. Die Sammlung Israels in seine Heimat ist uns demnach als ein solches Zeichen gegeben. Das sagt auch der Prophet Jeremia und er spricht dabei explizit die Nationen, die Heidenvölker an: «*Hört das Wort des Herrn, ihr Heidenvölker, und verkündigt es auf den fernen Inseln und sprecht: Der Israel zerstreut hat, der wird es auch sammeln und wird es hüten wie ein Hirte seine Herde*» (Jer 31,10).

Es wird immer wieder behauptet, dass Ost-Jerusalem einst rein arabisch gewesen sei und deshalb dieser Teil die Hauptstadt der Palästinenser werden müsse. Fakt ist jedoch, dass es in Ost-Jerusalem länger Juden gegeben hat als Araber, und dass die Juden auch zuerst da waren, bereits lange vor unserer Zeitrechnung.

Als der König David etwa 1000 v.Chr. Jerusalem eroberte, handelte es sich bei den Bewohnern der Stadt um Jebusiter (2.Sam 5,6-9). Sie waren keine Araber im heutigen Sinn, sondern eine kanaanitische Bevölkerungsschicht, die längst nicht mehr existiert (1.Mo 10,16; 15,21; 2.Mo 3,8). Die Jebusiter waren genauso wenig arabisch wie die anderen kanaanitischen Völker, die zu jener Zeit in dieser Region lebten: die Amoriter, Hetiter, Perisiter und Hewiter. Diese Völkergruppen, samt den Philistern, stammten von Ham ab und nicht von Sem (1.Mo 10,6-21). Die typischen Araber dagegen sind eine semitische Ethnie. Von einem Jebusiter namens Ornan (auch Arawna genannt) kaufte David die Tenne in Ost-Jerusalem, auf der später der jüdische Tempel gebaut wurde (2.Sam 24,17-25; 1.Chr 21,15-29; 2.Chr 3,1).

Nach der Wegführung der Juden aus ihrer Heimat um 70 n.Chr. war das Land zunächst von den Römern besetzt. Erst 638 n.Chr. eroberten es die Muslime. Aber selbst während dieser Zeit waren Israel und Jerusalem nie vollkommen «Judenleer». Ab 1844 bildeten nachweislich wieder die Juden die grösste Bevölkerungsschicht in Jerusalem. 1882 kam es zur ersten grossen Rückkehr und Einwanderungswelle der Juden in ihre Heimat. Erst im Krieg des Jahres 1948 eroberte die Arabische Legion Ost-Jerusalem, vertrieb die jüdische Bevölkerung, plünderte jüdische Wohnhäuser, zerstörte Synagogen und schändete bewusst jüdische Gräber am Ölberg. Hier müsste man sich um der Gerechtigkeit willen fragen, wer in Wahrheit Ost-Jerusalem besetzt hat, das 1967 lediglich wieder von den Israelis befreit wurde? Jedes seriöse Geschichtsbuch wird über die Fakten Auskunft geben, die Frage ist nur, ob man sich diesen historischen Tatsachen objektiv stellen will.

Nachfolgende Statistik macht deutlich, dass die Kanaanitische Zeit durch die Israeliten, die Gott ins Land führte, abgelöst wurde. Da die Kanaaniter völlig aus der Geschichte verschwunden sind, kann niemand ausser Israel Besitzanspruch auf das jüdische Land erheben. Alle anderen aufgeführten Nationen hatten das jüdische Land lediglich zwischenzeitlich besetzt, bis die Juden 1948 den Staat wieder für sich gewannen, der ihnen und niemandem sonst bereits vorher gehörte.

3300 v.Chr.	=	Kanaaniter
1600 v.Chr.	=	Israel
586 v. Chr.	=	Babylonier
538 v.Chr.	=	Perser
332 v.Chr.	=	Hellenisten (Griechen)

63 v.Chr.	=	Römer
324 n.Chr.	=	Byzantiner (Konstantin)
638 n.Chr.	=	Araber (Muslime)
1099 n.Chr.	=	Kreuzzüge
1260 n.Chr.	=	Mameluken (Sklavendynastie aus dem Kaukasus und Russland)
1517 n.Chr.	=	Ottomanen (Türkei)
1917 n.Chr.	=	Briten
1948 n.Chr.	=	Israel

6. Eine Spur, die zum Ziel führt

«Wer in Israel nicht an Wunder glaubt, der ist kein Realist!» (David Ben Gurion).

Versuchen wir nun die biblische Spur weiterzuverfolgen, um herauszufinden, auf welche Art und Weise der Herr Sein Volk ins Land zurückführt. Dabei werden wir staunen, wie detailliert sich die Prophezeiungen in der Geschichte erfüllt haben. Aus der Fülle einige wenige Beispiele:

«Ich (Gott) *selbst werde den Überrest meiner Schafe sammeln aus allen Ländern, wohin ich sie versprengt habe; und ich werde sie wieder zu ihren Weideplätzen bringen, dass sie fruchtbar sein und sich mehren sollen. … Siehe, es kommen Tage, spricht der HERR, da werde ich dem David einen gerechten Spross erwecken; der wird als König regieren und weise handeln und wird Recht und Gerechtigkeit schaffen auf Erden. In seinen Tagen wird Juda gerettet werden und Israel sicher wohnen; und das ist der Name, den man ihm geben wird: ‹Der HERR ist unsere Gerechtigkeit.› Darum siehe, es kommen Tage, spricht der HERR, da wird man nicht mehr sagen: ‹So wahr der HERR lebt, der die Kinder Israels aus dem Land Ägypten heraufgeführt hat!›, sondern: ‹So wahr der HERR lebt, der den Samen des Hauses Israel aus dem Land des Nordens heraufgeführt und wiedergebracht hat, und aus allen Ländern, wohin ich sie versprengt habe!› Und sie sollen wohnen in ihrem Land»* (Jer 23,3.5-8). Als Jesus das erste Mal in diese Welt kam, regierte Er keineswegs als König. Im Gegenteil, Er kam als Knecht und liess sich kreuzigen. Er stellte auch nicht Recht und Gerechtigkeit her, sondern starb für die Sünden all jener, die an Ihn glaubten und glauben, und machte sie vor Gott gerecht. Dennoch herrscht auf dieser Welt nach wie vor Ungerechtigkeit. Ebenso wenig wurde Juda damals gerettet und Israel lebte auch nicht in Sicherheit, ganz im Gegenteil: Israel war bedroht,

die Römer hatten das Land besetzt und beherrschten es, und später zerstörten sie sogar die Stadt Jerusalem. Die Juden nannten Jesus auch nicht *«Der Herr ist unsere Gerechtigkeit»*, sondern lehnten Ihn ab, verwarfen Ihn und liessen Ihn kreuzigen. Hieraus wird ersichtlich, dass sich diese Prophezeiung auf eine spätere Zeit beziehen muss, nämlich auf die Rückkehr Jesu in Kraft und Herrlichkeit. Dann wird Er als König regieren, der Welt Recht und Gerechtigkeit bringen und Juda retten. Dann wird Israel in Sicherheit wohnen und die Juden werden Ihn *«Der Herr ist unsere Gerechtigkeit»* nennen. Und dann ist auch der Zeitpunkt gekommen, wo das Volk rufen wird: *«Gepriesen sei der, welcher kommt im Namen des Herrn!»* (Ps 118,26).

Die Sammlung Israels aus den Völkern ins eigene Land ist unzweifelhaft eine konkrete Vorbereitung für die Wiederkunft Jesu, denn Gott spricht: *«Ich selbst werde den Überrest meiner Schafe sammeln aus allen Ländern, wohin ich sie versprengt habe; und ich werde sie wieder zu ihren Weideplätzen bringen, dass sie fruchtbar sein und sich mehren sollen»* (Jer 23,3). Im Folgenden erklärt Gott auch genau, wie Er das machen wird, bzw. dass diese Rückführung die Befreiung Israels aus Ägypten in den Schatten stellen wird. *«Darum siehe, es kommen Tage, spricht der Herr, da wird man nicht mehr sagen: ‹So wahr der Herr lebt, der die Kinder Israels aus dem Land Ägypten heraufgeführt hat!›, son-*

dern: ‹So wahr der HERR *lebt, der den Samen des Hauses Israel aus dem Land des Nordens heraufgeführt und wiedergebracht hat, und aus allen Ländern, wohin ich sie versprengt habe!› Und sie sollen wohnen in ihrem Land»* (Jer 23,7-8). Israels Sammlung zur Rückkehr ins eigene Land sollte demnach also zuerst aus den Nationen des Nordens erfolgen und danach aus allen anderen Ländern.

Es ist beeindruckend, wie buchstäblich sich das erfüllt hat: 1882 kam es zur ersten geschichtsträchtigen Einwanderungswelle der Juden in ihre Heimat, und sie kamen (von Israel aus gesehen) tatsächlich alle aus dem Norden, nämlich aus Russland und Polen. Erst danach kamen sie aus all den anderen Ländern, in denen sie sich befanden. Gott stellte auch unmissverständlich klar, in welches Land Er sie zurückführen würde: *«Sie sollen wohnen in ihrem Land.»* Entgegen aller Feindschaft und Besserwisserei der Nationen, entgegen allen Einwänden und UNO-Beschlüssen, entgegen allen Medienberichten und politischen Forderungen und entgegen jedem angestrebten Teilungsplan: Gott, der höchste Richter, hat festgelegt, dass das Land Israel dem Volk Israel gehört!

In einer Parallele zu diesen Versen ergänzt Jeremia: *«‹So wahr der* HERR *lebt, der die Kinder Israels heraufgeführt hat aus dem Land des Nordens und aus allen Ländern, wohin er sie verstossen hatte!› Denn ich will sie wieder in ihr Land zurückbringen, das ich ihren Vätern gegeben habe. Siehe, ich will viele Fischer senden, spricht der* HERR, *die sie fischen sollen; danach will ich viele Jäger senden, die sie jagen sollen von allen Bergen und von allen Hügeln und aus den Felsenklüften»* (Jer 16,15-16). Die «Kinder Israels» sollten also aus dem Norden kommen, später aus allen anderen Ländern; zuerst sollten sie gefischt und dann gejagt werden.

Theodor Herzl, der Vater des neuen jüdischen Staates, gilt als der «grösste Fischer» seiner Zeit. 1897 berief er den 1. Zionistenkongress in Basel ein. Darüber schrieb er damals: «Fasse ich den Basler Congress in ein Wort zusammen – das ich mich hüten werde öffentlich auszusprechen –, so ist es dieses: in Basel habe ich den Judenstaat gegründet. Wenn ich das heute laut sagte, würde mir ein universelles Gelächter antworten. Vielleicht in fünf Jahren, jedenfalls in fünfzig wird es jeder einsehen.»

Tatsächlich, rund 50 Jahre nach dem Kongress in Basel wurde 1948 der jüdische Staat gegründet. Unter Herzl war eine zionistische Bewegung entstanden, die sich darum bemühte, möglichst vielen Juden in «Palästina» eine Heimstätte zu sichern. Es kam zu einer regelrechten Missionsarbeit unter den Diasporajuden, man «fischte», um sie nach Israel zurückzubringen. Man versprach den Juden Geld, kaufte Ländereien, richtete Fonds ein und bat sie, doch in ihre Heimat zurückzukehren. Einige kamen, doch die meisten liessen sich nicht fischen. Es ging ihnen in den USA und Europa zu gut. Sie waren nicht bereit, ihre Existenzen aufzugeben und in das von Malaria verseuchte Gebiet am See Genezareth auszuwandern oder in der Hitze der fruchtlosen Wüste zu leben.

Es folgte die Zeit der Jäger. Das nationalsozialistische Deutschland mit Hitler, Göbbels, Eichmann und Konsorten kam auf. Es war für die schlimmste Judenverfolgung der Menschheitsgeschichte mit über sechs Millionen ermordeten Juden verantwortlich. Doch nach genau 12 Jahren Nationalsozialismus (1933-1945) brach das Dritte Reich kläglich zusammen. Die Zahl 12 ist die Zahl für Israel, es gibt 12 Stämme Israels. Es ist, als hätte Gott zeigen wollen, Hitlers Reich sei an Israel gescheitert. Der Herr der Heerscharen hatte ja lange zuvor gesagt: «Wer euch antastet, der tastet Meinen Augapfel an!» (vgl. Sach 2,12). Die Folgen dieser schrecklichen Jagd waren einerseits, dass die alliierten Nationen sich moralisch verpflichtet fühlten, für einen jüdischen Staat zu stimmen. Und andererseits kehrten als Folge des Zweiten Weltkriegs Tausende und Abertausende von Juden in ihre Heimat zurück. Nur drei Jahre nach dem Zusammenbruch Hitlerdeutschlands wurde der jüdische Staat ausgerufen. Wer hätte so etwas fünf, sechs Jahre zuvor auch nur zu denken, geschweige denn auszusprechen gewagt?

Trotz alles Hasses und Widerstandes der Feinde Israels kommt Gott zu Seinem Ziel und erfüllt beharrlich Sein Wort! Am 14. Mai 1948 erfüllte sich durch die Staatsgründung Israels ein prophetisches Wort Gottes. Er hatte es Seinem Knecht Jesaja ungefähr 2650 Jahre zuvor eingegeben: *«Wer hat je so etwas gehört? Wer hat etwas Derartiges gesehen? Wurde je ein Land an einem Tag zur Welt gebracht? Ist je ein Volk auf einmal geboren worden? Denn Zion hat Wehen bekommen und zugleich ihre Kinder geboren»* (Jes 66,8). Obschon die Juden gerade dem Holocaust entronnen waren, obwohl ihnen die Einreise ins Land der Väter nicht gerade einfach gemacht wurde und obgleich sie in diesem Land von den feindlichen arabischen Nationen hart bedrängt wurden, geschah das Wunder: Der Staat Israel wurde geboren. Da das britische Mandat für Palästina am 14. Mai 1948, einem Freitag, um Mitternacht enden sollte, versammelte sich der jüdische Nationalrat um 16 Uhr (noch vor Sonnenuntergang und damit vor Beginn des Sabbats) im Stadtmuseum von Tel Aviv. Unter einem Porträt des Begründers der zionistischen Bewegung, Theodor Herzl, verlas David Ben Gurion die Unabhängigkeitserklärung. Darin wurde festgehalten, dass die Errichtung des Staates Israel «kraft des natürlichen und historischen Rechtes» des jüdischen Volkes und «aufgrund des Beschlusses der UNO-Vollversammlung» erfolge. In der Unabhängigkeitserklärung vom 14. Mai 1948 heisst es unter anderem:

> Im Lande Israel entstand das jüdische Volk. Hier prägte sich sein geistiges, religiöses und politisches Wesen. Hier lebte es frei und unabhängig. Hier schuf es eine nationale und universelle Kultur und schenkte der Welt das Ewige Buch der Bücher.
>
> Durch Gewalt vertrieben, blieb das jüdische Volk auch in der Verbannung seiner Heimat in Treue verbunden. Nie wich seine Hoffnung. Nie verstummte sein Gebet um Heimkehr und Freiheit. (…)
>
> Im Jahre 1897 trat der erste Zionistenkongress zusammen. Er folgte dem Rufe Dr. Theodor Herzls, dem Seher des jüdischen Staates, und verkündete das Recht des jüdischen Volkes auf nationale Erneuerung in seinem Land. Dieses Recht wurde am 2. November 1917 in der Balfour-Deklaration anerkannt und auch durch das Völkerbundmandat bestätigt, das der historischen Verbindung des jüdischen Volkes mit dem Lande Israel und seinem Anspruch auf die Wiedererrichtung seiner nationalen Heimstätte internationale Geltung verschaffte. (…)
>
> Mit Zuversicht auf den Fels Israels setzen wir unsere Namen zum Zeugnis unter diese Erklärung, gegeben in der Sitzung des zeitweiligen Staatsrates auf dem Boden unserer Heimat in der Stadt Tel Aviv. Heute, am Vorabend des Sabbat, dem 5. Ijar 5708, 14. Mai 1948.

Elf Minuten später anerkannten die Vereinigten Staaten von Amerika durch Präsident Harry S. Truman den neuen Staat. Die Anerkennung durch die damalige Sowjetunion erfolgte zwei Tage später, am 16. Mai. Man vergleiche die biblische Prophezeiung in Hesekiel 36,33-36 und 37,1-14; Amos 9,11-15.

7. Eine Endzeitfrage

Wenn wir über «Endzeit» reden, meinen wir nicht Weltuntergang, sondern die Zeit unmittelbar vor der Wiederkunft Jesu. Kurz nachdem Jesus Seinen Jüngern auf dem Ölberg die Zerstörung Jerusalems angekündigt hatte, fragten sie Ihn: *«Sage uns, wann wird dies geschehen, und was wird das Zeichen deiner Wiederkunft und des Endes der Weltzeit sein?»* (Mt 24,3). Jesus erwiderte unter anderem: *«Ihr werdet aber von Kriegen und*

Kriegsgerüchten hören; habt Acht, erschreckt nicht; denn dies alles muss geschehen; aber es ist noch nicht das Ende. Denn ein Heidenvolk wird sich gegen das andere erheben und ein Königreich gegen das andere; und es werden hier und dort Hungersnöte, Seuchen und Erdbeben geschehen. Dies alles ist der Anfang der Wehen» (Mt 24,6-8). Der Herr machte einen Unterschied zwischen Kriegen und Kriegsgerüchten einerseits und heidnischen Auseinandersetzungen andererseits. Warum tat Er das, wenn doch letztlich beides Krieg bedeutet? Er muss folglich mit den erstgenannten kriegerischen Auseinandersetzungen etwas anderes gemeint haben, etwas Weltumfassendes, besonders Geschichtsträchtiges. Nach meinem Verständnis meinte Er damit den Ersten und Zweiten Weltkrieg. Diese Kriege bedeuteten nicht den Weltuntergang. Jesu Worte lauteten: *«Habt Acht, erschreckt nicht; denn dies alles muss geschehen; aber es ist noch nicht das Ende.»*

Die beiden Weltkriege gehören zu den verheerendsten Ereignissen der Weltgeschichte. Beide waren jedoch, so schrecklich sie auch gewesen sind, «Schlüsselkriege» zur Wiederherstellung des jüdischen Staates. Der Erste Weltkrieg führte zur Zusicherung der Engländer, den Juden eine Heimstätte zu gewähren. Das hatte folgenden Grund: Im Ersten Weltkrieg kämpften die Türken auf deutscher Seite gegen die Engländer. Ein aus Russland stammender Jude namens Dr. Chaim

Weizmann nahm 1910 die britische Staatsangehörigkeit an. Er hatte in Deutschland und der Schweiz Chemie studiert. 1901 wurde Weizmann Lehrbeauftragter für Chemie an der Universität Genf und 1903 Professor für Biochemie an der Universität Manchester. Während seiner Amtszeit als Direktor der Laboratorien der Britischen Admiralität (1916-1919) entdeckte er eine Methode zur künstlichen Herstellung von Azeton, das man für Sprengstoffe benötigte. Diese Entdeckung war ausschlaggebend dafür, dass die Engländer den Krieg gegen die Deutschen gewannen. Sie beendeten damit auch die 400-jährige Vorherrschaft der Türken in «Palästina» und erhielten 1919 das Mandat über dieses Gebiet. 1917 erwirkte Weizmann die berühmte Balfour-Deklaration, in der die Engländer den Juden eine Heimat in «Palästina» zusicherten. Der britische Aussenminister Arthur Balfour erklärte in einem Brief an Lord Lionel Walter de Rothschild:

> Die Regierung Seiner Majestät betrachtet mit Wohlwollen die Errichtung einer nationalen Heimstätte für das jüdische Volk in Palästina und wird ihr Bestes tun, die Erreichung dieses Zieles zu erleichtern, wobei (…) nichts geschehen soll, was die bürgerlichen und religiösen Rechte der bestehenden nichtjüdischen Gemeinschaften in Palästina oder die Rechte und den politischen Status der Juden in anderen Ländern in Frage stellen könnte (…)

Weizmann wurde später Mitbegründer des jüdischen Staates und dessen erster Staatspräsident.

Der von Satan angestachelte Vernichtungstrieb der Menschen (nicht umsonst nennt Jesus den Satan «Menschenmörder von Anfang», Joh 8,44) musste letztlich dazu beitragen, dass Israel wieder eine Heimat erhielt. Man kann Gott keinen Strich durch die Rechnung machen, Er regiert in absoluter Souveränität auf das Ziel Seiner Heilsgeschichte hin. Da Satan die Bibel besser kennt als viele Christen, wusste er selbstverständlich, dass mit der Zusicherung einer Heimat für die Juden die Wiederkunft Jesu näher rückte. Und so holte er zu einem weiteren Schlag aus, dem Zweiten Weltkrieg. Er wollte mit aller teuflischen Macht verhindern, dass die Juden je in ihre Heimat zurückkehrten, weil sein Ende mit der Rückkehr des Herrn besiegelt ist. Nicht von ungefähr richtete sich der Zweite Weltkrieg mit einer Vernichtungsmaschinerie sondergleichen gegen die Juden. Doch das führte geradewegs – nur drei Jahre nach dem Holocaust – zu einem jüdischen Staat: Israel.

Jesus hat gesagt: *«Dies alles muss geschehen; aber es ist noch nicht das Ende»* (Mt 24,6). Demgegenüber kündigt Er das nahende Ende so an: *«Denn ein Heidenvolk wird sich gegen das andere erheben und ein Königreich gegen das andere; und es werden hier und dort Hungersnöte, Seuchen und Erdbeben geschehen. Dies alles ist der Anfang der Wehen»* (Mt 24,7-8).

Nach dem Zweiten Weltkrieg kam es zum Kalten Krieg zwischen Ost und West. Durch den Zusammenbruch der Sowjetunion kamen die einzelnen Staaten und Völker wieder auf, die bis dahin als nominelle Föderation durch die kommunistische Partei und deren Machtzentrale in Moskau mit eiserner Faust zusammengehalten worden waren. Seit dem Zerfall der Sowjetunion haben wir fortwährend kriegerische Auseinandersetzungen und Konflikte jeder Art unter den Nationen, und zwar rund um den Erdball. Hinzu kommen die sich mehrenden Hungersnöte, Seuchen und Erdbeben. Die Naturkatastrophen nehmen zu und die politische, ökonomische und ökologische Ratlosigkeit ist für viele Angst erregend. Jesus hat es vorhergesagt: *«Es werden Zeichen geschehen an Sonne und Mond und Sternen, und auf Erden Angst der Heidenvölker vor Ratlosigkeit bei dem Tosen des Meeres und der Wogen, da die Menschen in Ohnmacht sinken werden vor Furcht und Erwartung dessen, was über den Erdkreis kommen soll; denn die Kräfte des Himmels werden erschüttert werden»* (Lk 21,25-26).

Wie sehr sind doch die Politiker und Umweltorganisationen weltweit bemüht, die drohenden und stetig zunehmenden Umweltschäden und die Klimaerwärmung in den Griff zu bekommen! Doch aus allen Berichten, die man darüber liest, wird nur das eine deutlich: Es herrscht Ratlosigkeit und Angst vor dem zu Erwartenden. Worauf alles hinausläuft, erklärt uns die Offenbarung Jesu Christi. Es ist sehr aufschlussreich, dieses letzte Buch der Bibel zu lesen! Doch wer macht sich schon Gedanken darüber, dass es sich hier um Themen handelt, die uns die Bibel für die Tage vor der Wiederkunft Jesu ankündigt? Und doch ist es so: *«Die Menschen wurden von grosser Hitze versengt und lästerten den Namen Gottes, der über diese Plagen Macht hat, und sie taten nicht Busse, ihm Ehre zu geben»* (Offb 16,9, r.Elb).

Die Offenbarung berichtet auch über die Zunahme von Kriegen, Hunger und die damit verbundenen Seuchen (Offb 6). Sie schildert uns, dass in der Zukunft ein Drittel der Pflanzenwelt, ein Drittel der Weltmeere, ein Drittel der Lebewesen in den Ozeanen und ein Drittel der Flüsse und Wasserquellen vernichtet (verseucht) werden (Offb 8). Und ein ganzes Drittel der Menschheit wird durch das Gericht Gottes umkommen (Offb 9). Ich weiss wohl, dass das keine angenehmen Perspektiven sind, doch sehen wir ja bereits mit eigenen Augen, was sich anbahnt. Machen wir uns nichts vor, denn die Katastrophe wird kommen!

Erinnern wir uns an Jesu Worte: *«Dies alles ist der Anfang der Wehen.»* Damit soll nicht gesagt sein, dass wir uns schon in den eigentlichen Wehen befinden, aber ich denke doch, dass wir so langsam aber sicher den Anfang miterleben. Fast jeder spürt es irgendwie: Es liegt etwas Apokalyptisches in der Luft. Wie bei einer Geburt die Wehen immer heftiger und die Intervalle immer kürzer werden, so wird es auch bei den endzeitlichen Entwicklungen vor sich gehen. Doch wie die Wehen neues Leben hervorbringen, so werden uns die Wehen der Endzeit Den zurückbringen, der das Leben ist: Jesus Christus. Und mit Seinem Kommen wird unsere Erde sozusagen von Neuem geboren (Mt 19,28). Darum ist es wichtig, dass man bereits jetzt in Jesus zur Ruhe kommt.

Jesus, das Ziel der Heilsgeschichte, kam in diese Welt, starb am Kreuz und ist aus den Toten auferstanden, um jetzt schon all denjenigen Leben zu geben, die sich für Ihn entscheiden und an Ihn glauben. Wer ohne Jesus lebt, hat keine Hoffnung, und wer ohne Jesus stirbt, bleibt in Ewigkeit ohne Hoffnung. Der Teufel, der in der Bibel auch der *«Gott dieser Welt»* genannt wird und der sein *«Wesen in den Kindern des Unglaubens»* hat, wie es die Bibel an anderer Stelle sagt, beeinflusst die Weltpolitik. In seinem blinden Hass will er die ganze Welt ins Verderben stürzen. Doch letztlich werden, wie zu allen Zeiten, die profane Politik der Völker und die Auseinandersetzungen im Nahen Osten dazu beitragen müssen, dass sich Gottes Plan erfüllt.

Sind Sie vielleicht auch in Angst, Ruhelosigkeit und Unsicherheit gefangen? Haben Sie Angst um ihre Zukunft, um die ihrer Familie? Die Bibel sagt: *«Denn so hat Gott die Welt geliebt, dass er seinen eingeborenen Sohn gab, damit jeder, der an ihn glaubt, nicht verloren geht, sondern ewiges Leben hat. Denn Gott hat seinen Sohn nicht in die Welt gesandt, damit er die Welt richte, sondern damit die Welt durch ihn gerettet werde. Wer an ihn glaubt, wird nicht gerichtet; wer aber nicht glaubt, der ist schon gerichtet, weil er nicht an den Namen des eingeborenen Sohnes Gottes geglaubt hat»* (Joh 3,16-18). Ein gerechter Gott muss diese Welt richten. Er kann die Sünden nicht durchgehen lassen, denn dann wäre Er ungerecht. Aber Gott bietet Vergebung und Bewahrung vor dem Gericht an. Jeder, der sich im Glauben zu Jesus hinwendet, wird nicht gerichtet und kommt nicht unter den Zorn Gottes. So sagt es die Heilige Schrift: *«Denn Gott hat uns nicht zum Zorngericht bestimmt, sondern zum Besitz des Heils durch unseren Herrn Jesus Christus»* (1.Thess 5,9). Und: *«Wie viel mehr nun werden wir, nachdem wir jetzt durch sein Blut gerechtfertigt worden sind, durch ihn vor dem Zorngericht errettet werden!»* (Röm 5,9).

8. Der die Feinde auf den Plan ruft

Israel gehört zu den kleinsten Staaten der Welt (es macht nur etwa 0,018 Prozent der Erdoberfläche aus), aber zu den bedeutendsten, was die Berichterstattung betrifft. Israel ist nicht nur der Mittelpunkt unseres Globus, sondern auch Mittelpunkt des politischen Geschehens. Es gibt kaum eine Nachrichtensendung, in der es nicht um Israel geht. Bildlich gesprochen: Die Völker beissen sich die Zähne aus, die Politiker reden sich heiser und die Medien schreiben sich wund. Gegen Israel gerichtete Resolutionen und Schuldzuweisungen sind an der Tagesordnung. Die politische Haltung der Medien und vieler Bürger ist zumeist nicht objektiv, sondern voreingenommen. Seit Israel existiert, wird es bekämpft. Und dies, obwohl es das einzige wirklich demokratische Land im Nahen Osten ist.

Die Juden haben viel zum Wohlergehen der Völker beigetragen. So sind zum Beispiel die meisten Nobelpreisträger jüdischer Herkunft. Doch es besteht eine allgemeine Antipathie gegen dieses Volk, die objektiv betrachtet unbegründet ist. Die Juden werden aber nicht erst gehasst und bekämpft, seit sie ihr eigenes Gebiet wieder eingenommen haben, sondern seit jeher. Was ist der Grund? Antwort: Wer den Segen Gottes trägt, steht unter dem Fluch der Völker. Die Juden sind Segensträger für die Nationen, denn sie haben uns Christus gebracht. Darum – und nur darum! – sind sie das von Gott auserwählte Volk. Deshalb hat der Herr sie zu einem Volk werden lassen und ihnen ein eigenes Land gegeben. Es muss immer und immer wieder gesagt werden: Jesus ist als Jude in die Welt gekommen, in Jerusalem gestorben und begraben worden. Dort ist Er auferstanden und von dort aus auch gen Himmel gefahren. Und vom Himmel her wird Er nach Israel zurückkehren. Würden wir es doch endlich verstehen, dass Gott Israel aus Liebe zur ganzen Menschheit erwählt hat!

Der Teufel hasst dieses Volk, so wie er die wahren Christen hasst. Sie sind ihm im Weg. Deshalb gingen in der Geschichte Juden- und Christenverfolgung oft Hand in Hand. Die Juden werden nicht gehasst, weil sie Jesus getötet haben, sondern weil sie uns durch Ihn das Leben brachten! Sie brachten uns Christus, der gesagt hat: *«Das Heil kommt aus den Juden»* (Joh 4,22). Er sagte nicht: «Die Juden sind unser grösstes Unglück.» Nein, denn die Juden sind im Hinblick auf Jesus unser grösstes Glück. Die Christen dagegen werden gehasst, weil sie Sein Evangelium verkündigen (Joh 15,18-19). Damit stehen sie dieser Welt im Weg. Die Welt liebt die Sünde, sie liebt die Finsternis, und wer in der Finsternis wandelt, der hasst das Licht. So sagt es Jesus. Doch Er wird weithin abgelehnt. Lieber wendet man sich Buddha oder Mohammed zu, lieber der Esoterik, der Mystik, der Astrologie oder Sekten, die Jesus verleugnen. Das Christentum wird lächerlich gemacht und durch den Schmutz gezogen. Und die Bibel, die historisch und archäologisch belegt ist wie kein anderes Buch in der Weltliteratur, wird verunglimpft. Jesus lebte ein tadelloses Leben, Er war ohne Sünde, Er sagte Dinge, die unvergleichlich sind. Doch das will man nicht stehen lassen, weil man es nicht ertragen kann. Deshalb ist man schnell dabei, Ihm irgendetwas anzuhängen. Man will auf keinen Fall wahrhaben, dass Er der Retter ist. Auch darin erfüllt sich eine Weissagung Jesu über die wahrhaft Gläubigen, denn Er hat gesagt: *«Dann wird man euch der Drangsal preisgeben und euch töten; und ihr werdet gehasst sein von allen Heidenvölkern* (Nationen) *um meines Namens willen»* (Mt 24,9).

Warum also werden Jesus, das Judentum, die Bibel und das Christentum so verspottet? Warum kämpft man so verzweifelt dagegen an? Weil es die Wahrheit ist!

Den Kampf um bzw. gegen den Staat Israel, wie wir ihn heute aktuell miterleben, hat Gott schon 520 Jahre vor Christus angekündigt: *«Siehe, ich mache Jerusalem zum Taumelkelch für alle Völker ringsum, und auch über Juda wird es kommen bei der Belagerung Jerusalems. Und es soll geschehen an jenem Tag, dass ich Jerusalem zum Laststein für alle Völker machen werde; alle, die ihn heben wollen, werden sich gewisslich daran wund reissen; und alle Heidenvölker der Erde werden sich gegen es versammeln»* (Sach 12,2-3). Zunächst wird Jerusalem zu einer Taumelschale für alle Länder ringsum. Diese Länder sind heute alle moslemisch. Und tatsächlich reagieren die meisten von ihnen nicht mehr sachlich, sobald es um Israel geht. Die Auseinandersetzung der Arabischen Liga mit Israel zieht unweigerlich die Nationen mit in den Konflikt um Jerusalem hinein. Die Jerusalemfrage ist auf politischer Ebene nicht lösbar;

sie ist eine Last, die nicht wegzuheben ist, eine Last, an der man sich wund reisst. Dass der Prophet diesen Unterschied zwischen den Staaten rings um Israel und den übrigen Nationen macht, kommt nicht von ungefähr. Er entspricht nämlich genau dem Konflikt, den wir heute vor Augen haben.

Der Nahostexperte Peter Scholl-Latour zitiert in seinem Buch «Lügen im Heiligen Land» die Prognose seines Arabisch-Professors Jacques Berque: «Das Schicksal Jerusalems ist keine Frage der Politik; das Schicksal Jerusalems ist ein Urteil des Jüngsten Gerichts!»[2]

In Psalm 83,3-9 finden wir die Arabische Liga und ihr Ansinnen beschrieben: *«Denn siehe, deine Feinde toben, und die dich hassen, erheben das Haupt. Sie machen listige Anschläge gegen dein Volk, verabreden sich gegen deine Schutzbefohlenen. Sie sprechen: ‹Kommt, wir wollen sie vertilgen, dass sie kein Volk mehr seien, dass an den Namen Israel nicht mehr gedacht werde!› Ja, sie haben einen einmütigen Beschluss gefasst, sie haben einen Bund gegen dich geschlossen: die Zelte Edoms und die Ismaeliter, Moab und die Hagariter, Gebal und Ammon und Amalek, das Philisterland samt den Bewohnern von Tyrus. Auch Assur hat sich ihnen angeschlossen und ist den Söhnen Lots ein Beistand geworden.»* In diesen 10 Namen wird die weltweite Feindschaft der arabischen Nationen gegen Israel zusammengefasst, die in Edom und Ismael ihren Ursprung hat.

Edom	=	Südjordanien
Ismael	=	Grossteil der arabischen Welt
Moab	=	Zentraljordanien
Hagariter	=	Ägypten (Hagar)
Gebal	=	oberer Libanon
Ammon	=	Nordjordanien
Amalek	=	Sinai-Halbinsel
Philistäa	=	Gazastreifen (heute die Palästinenser)
Tyrus	=	Libanon
Assur	=	Irak/Syrien

Warum nur schoss Saddam Hussein seinerzeit Raketen auf Israel? Weshalb nur haben arabische Nationen in verschiedenen Kriegen versucht, Israel zu vernichten? Warum will die iranische Führung Israel von der Landkarte eliminieren? Weil Satan die Wiederkunft Jesu verhindern will! Darum macht er mobil. Doch wir sind getrost, denn es wird ihm nicht gelingen, Israel zu zerstören, denn es steht geschrieben: *«Siehe, beschämt und zuschanden werden alle, die gegen dich erzürnt sind; es werden zunichte und kommen um die Männer, die gegen dich kämpfen»* (Jes 41,11). Napoleon I. sagte während seines Nahostfeldzuges vor 200 Jahren: «Die Weltgeschichte wird nicht im Abendland, sondern im Morgenland entschieden!»

9. Wer gegen Israel ist, ist gegen Gott

Dietrich Bonhoeffer (Autor des Liedes «Von guten Mächten wunderbar geborgen») hat das einmal so formuliert: «Wer nicht für die Juden schreit, kann Gott nicht loben.» Eines dürfen wir nie übersehen: Jesus Christus ist wahrer Gott und wahrer Mensch zugleich, und als Mensch ist Er Jude.

Jesus kam als Jude in diese Welt; Er wurde von einer jüdischen Jungfrau aus der Linie Davids, Judas', Jakobs, Isaaks und Abrahams geboren (vgl. das Geschlechtsregister Jesu in Mt 1,1-16). Er starb als Jude und über Seinem Kreuz standen in den drei damaligen Weltsprachen die Worte geschrieben: *«Dies ist Jesus, der König der Juden»* (Mt 27,37). Er auferstand als Jude aus den Toten und hatte nach Seiner Auferstehung immer noch Seinen irdischen Leib, mit dem Er jedoch auch durch verschlossene Türen gehen konnte. Das geschah, als Er Seinen Jüngern, und speziell dem Apostel Thomas, Seine Wundmale zeigte (Joh 20,19-20). Als Jude fuhr Er zum Himmel auf. Stephanus, der erste christliche Märtyrer, durfte in den schwersten Stunden seines Lebens einen Blick in den Himmel tun. Dort sah er Jesus als den Menschensohn: *«Er* (Stephanus) *aber, voll Heiligen Geistes, blickte zum Himmel empor und sah die Herrlichkeit Gottes, und Jesus zur Rechten Gottes stehen; und er sprach: Siehe, ich sehe den Himmel offen und den Sohn des Menschen zur Rechten Gottes stehen!»* (Apg 7,55-56). Wir können also sagen, dass der erste Mensch, der in das himmlische Vaterhaus einzog, ein Jude ist, denn Jesus ist wahrer Gott und wahrer Mensch zugleich.

Die Bezeichnung «Sohn des Menschen» ist aufs Engste mit dem jüdischen Volk verbunden. Dieser Begriff wurde vom Propheten Daniel geprägt, als er über die Wiederkunft Jesu sprach. Und bezeichnenderweise kommt er im Matthäusevangelium, das uns den König der Juden vorstellt, besonders häufig vor. Daniel schreibt über die Ankunft Jesu in Herrlichkeit: «*Ich sah in den Nachtgesichten, und siehe, es kam einer mit den Wolken des Himmels, gleich einem Sohn des Menschen; und er gelangte bis zu dem Hochbetagten und wurde vor ihn gebracht. Und ihm wurde Herrschaft, Ehre und Königtum verliehen, und alle Völker, Stämme und Sprachen dienten ihm; seine Herrschaft ist eine ewige Herrschaft, die nicht vergeht, und sein Königtum wird nie zugrunde gehen*» (Dan 7,13-14). Somit steht fest, dass Jesus, der vor 2000 Jahren als Jude in diese Welt kam, auch als Jude zurückkehren wird. Er kehrt als der grosse Sohn Davids zurück, der sich dann auf den Thron Davids setzen wird. Aus dieser Tatsache folgern wir: Wer sich gegen die Juden stellt, stellt sich im Grunde gegen den grössten aller Juden, Jesus Christus.

Wir lasen im in Kapitel 8 zitierten Psalm 83: «*Denn siehe, deine Feinde toben, und die dich hassen, erheben das Haupt. Sie machen listige Anschläge gegen dein Volk*» (V 3-4). Es ist also letztlich der Hass gegen Gott, der die Menschen gegen Israel aufbringt. Der Gott des Korans, Allah, der sich gegen Israel stellt, kann somit nicht derselbe Gott sein wie der Gott, der sich in Jesus Christus offenbart. Denn der Gott der Bibel spricht über Israel: «*Von ferne her ist mir der* HERR *erschienen:*

Mit ewiger Liebe habe ich dich geliebt; darum habe ich dich zu mir gezogen aus lauter Gnade. Ich will dich wieder aufbauen, ja, du wirst aufgebaut dastehen, du Jungfrau Israel; du sollst dich wieder mit deinen Handpauken schmücken und ausziehen in fröhlichem Reigen» (Jer 31,3-4).

Der Herr bezeichnet Sein Volk als Seinen Augapfel: *«Denn wer euch antastet, der tastet seinen Augapfel an!»* (Sach 2,12). Der Augapfel ist bekanntlich ein besonders empfindliches Organ. Bereits kleinste Fremdkörper stören extrem und erzwingen eine Reaktion. Zu Abraham sprach Gott: *«Ich will segnen, die dich segnen, und verfluchen, die dich verfluchen; und in dir sollen gesegnet werden alle Geschlechter auf der Erde!»* (1.Mo 12,3). In der Weltgeschichte hat sich das im Zusammenhang mit Israel bitter bewahrheitet. Das musste ein Pharao Ägyptens begreifen lernen. Das erlebten die damaligen Amalekiter, die gegen Israel Krieg führten. Das erfuhr Bileam, der Israel verfluchen sollte, aber es im Auftrag des lebendigen Gottes segnete. Dennoch versuchte er nachher, Israel durch die Midianiter zum Abfall vom Herrn zu verführen. Das erlebte Babylon genauso wie der Perser Haman, der am Galgen aufgehängt wurde, den er für den Juden Mordechai hatte errichten lassen (Est 7,9-10). Und nicht zuletzt erfuhr das auch das nationalsozialistische Deutschland, das seine Hand gegen die Juden erhob. Und in jüngster Vergangenheit erlebte es auch Saddam Hussein, der neununddreissig Skud-Raketen auf Israel abfeuerte. Und am Ende der Tage, kurz vor der Wiederkunft Jesu, wird es dann die ganze Welt erfahren. Denn sie wird – vom Teufel durch den kommenden Antichristen gegen Israel aufgehetzt – versuchen, das jüdische Volk zu vernichten. Die Offenbarung spricht als letztes Buch der Bibel über dieses kommende apokalyptische Geschehen. Die Menschen sollen wissen: Wenn sie sich gegen Israel kehren, sei es in Medienberichten, Leserbriefen, auf politischer Ebene oder durch Krieg und Terror, stellen sie sich gegen den Gott Israels.

Als der assyrische König Sanherib einst Juda und Jerusalem einnehmen wollte, startete er zunächst eine antiisraelische Wortkampagne gegen das Volk Gottes. Der Herr selbst antwortete ihm: *«Wen hast du verhöhnt und gelästert? Und gegen wen hast du deine Stimme erhoben und deine Augen stolz emporgerichtet? Gegen den Heiligen Israels! Du hast durch deine Boten den Herrn verhöhnt und gesagt: … Ich weiss um deinen Wohnsitz und um dein Aus- und Einziehen, und dass du gegen mich tobst»* (2.Kön 19,22-23.27). Ähnliches sagte Gott durch den Propheten Hesekiel: *«Du aber sollst erkennen, dass ich, der Herr, alle deine Lästerungen gehört habe, die du gegen die Berge Israels ausgestossen hast, indem du sprachst: ‹Sie sind verwüstet, uns sind sie zur*

Speise gegeben!› So habt ihr mit eurem Mund gegen mich grossgetan und viele Worte gegen mich geredet – ich habe es gehört!» (Hes 35,12-13).

Im Neuen Testament geht es auf derselben Linie weiter. Wenn Jesus zurückkommt, wird Er die Völker richten, und das Kriterium bei diesem Gericht wird unter anderem sein, wie sich die Völker Israel gegenüber verhalten haben: *«Wenn aber der Sohn des Menschen in seiner Herrlichkeit kommen wird und alle heiligen Engel mit ihm, dann wird er auf dem Thron seiner Herrlichkeit sitzen, und vor ihm werden alle Heidenvölker versammelt werden. Und er wird sie voneinander scheiden, wie ein Hirte die Schafe von den Böcken scheidet»* (Mt 25,31-32). *«Der König wird ihnen antworten und sagen: Wahrlich, ich sage euch: Was ihr einem dieser meiner geringsten Brüder* (den Juden) *getan habt, das habt ihr mir getan!»* (Mt 25,40). Und im Judasbrief steht geschrieben: *«Von diesen hat aber auch Henoch, der Siebte nach Adam, geweissagt, indem er sprach: ‹Siehe, der Herr ist gekommen mit seinen heiligen Zehntausenden, um Gericht zu halten über alle und alle Gottlosen unter ihnen zu strafen wegen all ihrer gottlosen Taten, womit sie sich vergangen haben, und wegen all der harten Worte, die gottlose Sünder gegen ihn geredet haben›»* (V 14-15).

Umgekehrt haben alle jene Menschen und Völker Segen erfahren – und erfahren es immer noch –, die Israel segneten. So zum Beispiel die Hebammen, die dem Befehl Pharaos ungehorsam waren und sich weigerten, die israelitischen Babys zu töten: *«Gott segnete die Hebammen; das Volk aber vermehrte sich und nahm gewaltig zu. Und es geschah, weil die Hebammen Gott fürchteten, baute er ihnen Häuser»* (2.Mo 1,20-21). Oder eine Prostituierte namens Rahab, die bei der Einnahme Jerichos beschützt und mit ihrer ganzen heidnischen Familie und Verwandtschaft gerettet wurde, weil sie die israelitischen Kundschafter versteckt hatte (Jos 6,22-25).

Zur Zeit Jesu wurde Israel von den Römern beherrscht. Der Knecht eines römischen Hauptmanns war sterbenskrank. Der Hauptmann schickte Freunde zu Jesus mit der Bitte, seinen Knecht gesund zu machen, und wurde erhört: *«Als diese zu Jesus kamen, baten sie ihn eindringlich und sprachen: Er ist es wert, dass du ihm dies gewährst; denn er hat unser Volk lieb, und er hat uns die Synagoge erbaut. ... Und als die Abgesandten in das Haus zurückkamen, fanden sie den kranken Knecht gesund»* (Lk 7,4-5.10).

Wer Jesus liebt, wird auch Sein irdisches Volk lieben. Denn der Heilige Geist, der in einem an Jesus gläubigen Menschen wohnt, ist derselbe, der Israel in unseren Tagen physisch wiederhergestellt hat und in der Zukunft geistlich wiederherstellen wird (Hes 37,9-10.14). Lassen Sie uns darum in Bezug auf Israel mit David sprechen: *«Um des Hauses des Herrn, unsres Gottes, willen will ich dein Bestes suchen!»* (Ps 122,9). Willem J.J. Glashouver schreibt:

> Mein Interesse an Israel erwachte, als eines Tages ein alter Mann zu mir sagte: «Weisst Du, es gibt viele Christen, die die toten Juden lieben, die Juden der Vergangenheit: Mose, Josua, David, Jesaja, Jeremia, Petrus, Paulus, Johannes und all die anderen. Dann gibt es Christen, die die Juden lieben, die noch gar nicht geboren sind: jene zukünftige, prophetische Generation von Juden, die in Israel leben wird, wenn es der Mittelpunkt der Erde ist, wenn der Friede Jerusalems die ganze Erde erfüllen wird. Aber wer steht heute den Juden zur Seite? Wer liebt die Juden der Gegenwart mit der Liebe Jesu? Wer steht ihnen bei in ihrem einsamen Kampf gegen eine feindliche Welt? ... Wer macht sich aufs Neue daran, die Bibel zu durchforschen und die wahre Beziehung zwischen Israel und der Gemeinde zu ergründen? ...[3]

Die Gemeinde Jesu hat ihre Wurzeln im Judentum, denn ihr Erlöser ist aus dem Judentum hervorgegangen. Somit hat die Gemeinde ihre Existenz nicht zuletzt auch dem Judentum zu verdanken. Gottes souveräner Wille, Sein Heilsplan und Seine Strategie war es, das Judentum zu schaffen, um die Gemeinde daraus erwachsen zu lassen. Gäbe es kein Israel, gäbe es folglich auch keine Gemeinde. Nicht umsonst sagt der Herr Jesus: *«Das Heil kommt aus den Juden»* (Joh 4,22). Und der Apostel Paulus erklärt: *«Aus ihnen ist der Messias seiner Menschheit nach hervorgegangen»* (Röm 9,5, Albr). Christen sollten sich deshalb bewusst sein, dass sie, wenn sie gegen Israel sind, im Grunde auf ihre eigene Wurzel treten.

10. Ein Volk, das nicht untergeht

Siegfried Schlieter schreibt in seinem Buch «Am Ende der Zeit, wenn Sterne vom Himmel fallen»:

> Wir erleben heute, wie sich vor den Augen der Welt Gottes Wort erfüllt: Trotz infamer Verleugnungen, trotz härtester Verfolgungen und brutalster Ausrottungsversuche während seiner fast zweitausendjährigen Zerstreuung ist das jüdische Volk nicht vergangen; im Gegenteil, es kehrt heim in sein verheissenes Land. Jahrtausendealte Prophetien erfüllen sich vor unseren Augen ...[4]

«Und ich fragte: Wie lange, Herr? Er antwortete: Bis die Städte verwüstet liegen, sodass niemand mehr darin wohnt, und die Häuser menschenleer sein werden und das Land in eine Einöde verwandelt ist. Denn der Herr wird die Menschen weit wegführen, und die Verödung inmitten des Landes wird gross sein. Und bleibt noch ein Zehntel darin, so fällt auch dieser wiederum der Vertilgung anheim. Aber wie die Terebinthe und die Eiche beim Fällen doch noch ihren Wurzelstock behalten, so bleibt ein heiliger Same als Wurzelstock!» (Jes 6,11-13).

70 n.Chr. und 132 n.Chr. wurden die Juden aus dem Land verschleppt, sodass es wüst wurde. Doch es lebten immer Juden in Israel, das heisst, dass ein kleiner Wurzelstock zurückblieb als Garant für die Zukunft. Anfang des 19. Jahrhunderts gab es nur noch etwa 5000 Juden im Land. Aber ab Ende des 19. Jahrhunderts (1882) kehrten sie zunächst aus Russland (Norden) und dann aus allen Teilen der Welt wieder zurück in ihre Heimat. So hat sich diese Prophezeiung buchstäblich erfüllt!

Das Volk Israel wird nicht untergehen: *«So spricht der Herr: Wenn die Himmel oben gemessen und die Grundfesten der Erde unten erforscht werden können, dann will ich auch die ganze Nachkommenschaft Israels verwerfen wegen all dessen, was sie getan haben, spricht der Herr»* (Jer 31,37, r.Elb). So unmöglich es ist, den Himmel zu messen und die Grundfesten der Erde zu erforschen, so unmöglich ist es, dass Israel untergeht. Gott hat sogar noch eine zweite Zusicherung gegeben: *«Denn gleichwie der neue Himmel und die neue Erde, die ich mache, vor meinem Angesicht bleiben werden, spricht der Herr, so soll auch euer Same und euer Name bestehen bleiben»* (Jes 66,22).

Die Bibel macht im Römerbrief in den Kapiteln 9 bis 11 klar, dass Israel eine von Gott gegebene Zukunft hat. Es ist jedoch um der Nationen willen zeitweilig beiseite gestellt worden. Denn als Israel seinen Messias verwarf, richtete Gott Sein Heilsangebot an die übrigen Völker, sodass die Gemeinde Jesu entstehen konnte.

Kein Volk ist durch eine solche Leidensgeschichte gegangen wie das jüdische. Seit es existiert, hat man es verfolgt und auszulöschen versucht, doch niemandem ist es gelungen. Andere Völker sind von der Bildfläche der Geschichte verschwunden, während Israel immer noch existiert. Trotz der fast 1900 Jahre dauernden Zerstreuung über alle fünf Kontinente ist es als Volk erhalten geblieben. Heute lebt es wieder im eigenen Land und spricht wie in alter Zeit seine eigene hebräische Sprache.

Der Apostel Paulus schreibt inspiriert durch den Heiligen Geist: *«Hat Gott etwa sein Volk verstossen? Das sei ferne! Denn auch ich bin ein Israelit, aus dem Samen Abrahams, aus dem Stamm Benjamin. Gott hat sein Volk nicht verstossen, das er zuvor ersehen hat!»* (Röm

11,1-2). In Römer 3,3-4 drückt sich der Apostel ähnlich aus, indem er schreibt: «*Wie denn? Wenn auch etliche untreu waren, hebt etwa ihre Untreue die Treue Gottes auf? Das sei ferne! Vielmehr erweist sich Gott als wahrhaftig, jeder Mensch aber als Lügner, wie geschrieben steht: ‹Damit du Recht behältst in deinen Worten und siegreich hervorgehst, wenn man mit dir rechtet›.*» Deutlicher kann es doch nicht mehr gesagt werden, dass Israel eine ewige Zukunft hat! Und selbst die Tatsache, dass Israel zeitweilig seinen Messias verworfen hat, war in Gottes Plan inbegriffen, damit Menschen aus den Nationen zu Christus finden konnten und können. So ist Israel zum Segen für alle Nationen geworden. Paulus sagt das ganz deutlich, indem er mit einer rhetorischen Frage beginnt: «*Sind sie denn gestrauchelt, damit sie fallen sollten? Das sei ferne! Sondern durch ihren Fall wurde das Heil den Heiden zuteil, um sie zur Eifersucht zu reizen. Wenn aber ihr Fall der Reichtum der Welt und ihr Verlust der Reichtum der Heiden geworden ist, wie viel mehr ihre Fülle!*» (Röm 11,11-12).

Wenn der Herr Jesus auf diese Erde zurückkehrt, wird Israel ein noch grösserer Segen für die Nationen sein. Denn Jesus wird den Überrest Israels retten und Seine irdische Regierung über und durch Israel weltweit ausbreiten. Paulus hält fest: «*Denn ich will nicht, meine Brüder, dass euch dieses Geheimnis unbekannt bleibt, damit ihr euch nicht selbst für klug haltet: Israel ist zum Teil Verstockung widerfahren, bis die Vollzahl der Heiden eingegangen ist; und so wird ganz Israel gerettet werden, wie geschrieben steht: ‹Aus Zion wird der Erlöser kommen und die Gottlosigkeiten von Jakob abwenden, und das ist mein Bund mit ihnen, wenn ich ihre Sünden wegnehmen werde.› Hinsichtlich des Evangeliums sind sie zwar Feinde um euretwillen, hinsichtlich der Auserwählung aber Geliebte um der Väter willen. Denn Gottes Gnadengaben und Berufung können ihn nicht reuen»* (Röm 11,25-29).

Die Juden sind, wie alle Menschen, nicht imstande, das Gesetz Moses zu halten. Wäre Gott dabei stehen geblieben, hätte das jüdische Volk keine Chance gehabt. Aber Gott sei Dank hat der Herr eine Lösung bereit. Er hält in Seiner unendlichen Treue an dem fest, was Er Abraham versprochen hat: *«Ein von Gott auf Christus hin zuvor bestätigtes Testament wird durch das 430 Jahre danach entstandene Gesetz nicht ungültig gemacht, sodass die Verheissung aufgehoben würde. Denn wenn das Erbe durchs Gesetz käme, so käme es nicht mehr durch Verheissung; dem Abraham aber hat es Gott durch Verheissung geschenkt»* (Gal 3,17-18).

So wie Josua damals das Volk in das verheissene Land brachte, so wird der himmlische Josua, Jesus Christus, Sein Volk zum Ziel führen. Das ist auch für uns eine herrliche Botschaft! Denn wir, die wir nicht fähig sind, die Gebote Gottes zu halten, können umsonst völlig gerechtfertigt werden durch die Erlösung, die durch Jesus Christus geschehen ist. Jesus ist die grösste Gabe Gottes an uns Menschen: *«Von allem, wovon ihr durch das Gesetz Moses nicht gerechtfertigt werden konntet, wird durch diesen jeder gerechtfertigt, der glaubt»* (Apg 13,39).

Wir leben in der Endzeit. Israel ist als Volk wieder in seine Heimat zurückgekehrt. Damit wird der Boden für die Wiederkunft des Herrn Jesus vorbereitet. Die Zeichen der Zeit reden eine deutliche Sprache. Alles steht auf Alarmstufe Rot. Bald wird *«die Vollzahl der Heiden»* eingegangen sein (Röm 11,25). Mit anderen Worten: Die Zahl derer, die an Jesus glauben und zur Gemeinde Jesu hinzugetan werden, wird erreicht sein. Dann wird die Gemeinde von der Erde in den Himmel versetzt. Denn die Bibel lehrt, dass es eine wundersame und wunderbare Entrückung geben wird: Zuerst werden die Menschen, die im lebendigen Glauben an Jesus starben, auferstehen. Und gleich anschliessend werden die noch lebenden Gläubigen in den Himmel entrückt, so wie das Henoch und Elia erleben durften. Alle zusammen werden dann für immer bei dem Herrn sein (1.Thess 4,13-18; 1.Kor 15,51-52; 2.Kön 2,11). Im Anschluss an die Entrückung wird Gott, bildlich gesprochen, den Faden mit Israel wieder aufnehmen, den Er während der Zeit der Gemeinde Jesu liegen liess. Er wird sich Seinem Volk zuwenden und den Überrest

Israels erlösen, denn Gottes Gnadengaben und Berufung sind unwiderruflich: «*Hinsichtlich des Evangeliums sind sie zwar Feinde um euretwillen, hinsichtlich der Auserwählung aber Geliebte um der Väter willen*» (Röm 11,28). Wenn Gott Sein Volk nicht verworfen hat – obwohl Er ja gewiss Grund genug dazu gehabt hätte – was masst sich denn der Mensch an, über Israel zu Gericht zu sitzen? «*Du aber, Israel, mein Knecht, Jakob, mein Auserwählter, du Same Abrahams, meines Freundes, den ich von den Enden der Erde ergriffen und aus ihren entferntesten Winkeln berufen habe, und zu dem ich gesprochen habe: Du bist mein Knecht, ich habe dich auserwählt und nicht verworfen – fürchte dich nicht, denn ich bin mit dir; sei nicht ängstlich, denn ich bin dein Gott; ich stärke dich, ich helfe dir auch, ja, ich erhalte dich durch die rechte Hand meiner Gerechtigkeit!*» (Jes 41,8-10).

11. Ein «Happy End» mit Folgen

Remsen Beitel schrieb einmal: «In der gesamten Bibel ist Israel immer der Schlüssel zum Verständnis der menschlichen Geschichte gewesen. Die Welt kann nicht gesegnet werden, bevor nicht Israel gesegnet ist.» Das Happy End für Israel wird in Hesekiel 36,15 beschrieben: *«Ich will dich künftig nicht mehr die Schmähungen der Heiden hören lassen, und den Hohn der Völker sollst du nicht mehr tragen und dein Volk nicht mehr zu Fall bringen, spricht Gott, der Herr.»* In Anbetracht dessen, was dieses Volk im Laufe der Geschichte durchmachte, und im Hinblick darauf, wie man heute mit Israel umspringt, ist diese Zusage Gottes ganz einfach phänomenal!

Jesus Christus wird nach einer Gerichtsperiode, die in der Offenbarung geschildert wird, in Herrlichkeit und Macht wiederkommen. Dann wird Ihn Sein Volk erkennen, Busse tun und Ihn im Glauben annehmen (vgl. Sach 12 bis 14). Über diese bevorstehende Zeit heisst es: *«Der Herr wird König sein über die ganze Erde. An jenem Tag wird der Herr der Einzige sein und sein Name der einzige»* (Sach 14,9). Das wird unsagbaren Segen für alle Völker nach sich ziehen! So wird es zum Beispiel zwischen Israel und den heute mit ihm verfeindeten Nachbarländern Frieden geben. Ja, es wird sogar so weit kommen, dass sie gemeinsam ein Segen auf Erden sein werden. Das Wort Gottes sagt diesbezüglich: *«An jenem Tag wird von Ägypten eine gebahnte Strasse nach Assyrien gehen; der Assyrer wird nach Ägypten und der Ägypter nach Assyrien kommen, und die Ägypter werden mit den Assyrern dem Herrn dienen. An jenem Tag wird sich Israel als drittes zu Ägypten und Assyrien gesellen und inmitten der Erde ein Segen sein, denn der Herr der Heerscharen segnet es, indem er sagen wird: Gesegnet bist du, Ägypten, mein Volk, und du, Assyrien, das Werk meiner Hände, und du, Israel, mein Erbteil!»* (Jes 19,23-25). Dann werden die heutigen Palästinenser vollständig in Israel integriert sein. Das, was die Politik der Vereinten Nationen nie zustande bringen wird, wird der Herr tun, wenn Er zurückkommt: *«Dieses Land sollt ihr unter euch verteilen nach den Stämmen Israels. Ihr sollt es aber als Erbbesitz verlosen unter euch und unter die Fremdlinge, die unter euch wohnen und unter euch Kinder gezeugt haben. Und sie sollen euch gelten wie Eingeborene unter den Kindern Israels. Sie sollen mit euch unter den Stämmen Israels ihren Erbbesitz erhalten. Und es soll geschehen, in dem Stamm, bei dem der Fremdling wohnt, sollt ihr ihm sein Erbteil geben, spricht Gott, der Herr»* (Hes 47,21-23).

Der wiederkommende Herr wird überdies ein soziales Programm aufrichten, wie es die Welt bis heute noch nicht gesehen hat: Es wird Gerechtigkeit und Friede herrschen, denn Schwerter werden zu Pflugscharen, und alle Menschen auf der ganzen Erde werden genug zu essen haben: *«Es wird Überfluss an Getreide sein im Land, bis hinauf zu den Bergeshöhen; wie der Libanon werden seine Fruchtbäume rauschen, und sie werden hervorblühen aus der Stadt wie das Gras auf dem Land»* (Ps 72,16). Können wir uns vorstellen, dass einmal überall auf dieser Welt die Scheunen, Silos und Vorratskammern zum Bersten voll sein werden? Ob in den Städten oder auf dem Land, nirgends wird es Hunger geben, alle werden ein angemessenes Mass an

Wohlstand haben. Kein Wunder, dass Menschen aus allen Völkern dann in Scharen nach Israel reisen werden, um den Herrn und Sein Wirken zu bestaunen: *«So spricht der Herr der Heerscharen: In jenen Tagen wird es geschehen, dass zehn Männer aus allen Sprachen der Heidenvölker einen Juden beim Rockzipfel festhalten und zu ihm sagen werden: ‹Wir wollen mit euch gehen, denn wir haben gehört, dass Gott mit euch ist!›»* (Sach 8,23). Und die Völker, die einst die Juden verfolgten, werden sich ihnen anschliessen!

12. Resümee

Volkstümlich ausgedrückt: «Das Resümee von der Geschicht': glaubst Du's oder glaubst Du's nicht?»

Wir haben die biblische Prophetie verfolgt, die sich wie ein roter Faden durch die ganze Bibel zieht. Sie erfüllte sich in der Vergangenheit, erfüllt sich in der Gegenwart und wird sich in der Zukunft erfüllen. Sie widerspricht sich nie. Die Bibel ist als Wort Gottes die absolute Wahrheit. Mit allem hat Gott nur das eine Ziel: den Menschen zu erlösen, ihm zu vergeben und ihn wieder in die Gemeinschaft mit seinem Schöpfer zu ziehen. Seit Jesu Tod, Auferstehung und Himmelfahrt steht der Himmel für jeden Menschen offen. Gott selbst hat die Tür geöffnet und spricht ein Ja zu jedem, der seinerseits ein Ja zu Jesus sagt. Gott nimmt jeden an, der den Namen des Herrn Jesus im Glauben anruft, egal wie tief er gefallen ist.

Israel war der von Gott erwählte Segensträger, durch den Jesus in diese Welt kam. Die Juden sind keine Gottesmörder, sondern gleichsam Vermittler des Opfers. Jesus wollte für uns sterben. Das war schon lange vor Seiner Geburt so bestimmt. Er kam mit diesem Vorhaben in die Welt: *«Darum spricht er* (Jesus) *bei seinem Eintritt in die Welt: ‹Opfer und Gaben hast du nicht gewollt; einen Leib aber hast du mir bereitet. An Brandopfern und Sündopfern hast du kein Wohlgefallen. Da sprach ich: Siehe, ich komme – in der Buchrolle* (Altes Testament) *steht von mir geschrieben –, um deinen Willen, o Gott, zu tun!› Oben sagt er: ‹Opfer und Gaben, Brandopfer und Sündopfer hast du nicht gewollt; du hast auch kein Wohlgefallen an ihnen› – die ja nach dem Gesetz dargebracht werden –, dann fährt er fort: ‹Siehe, ich komme, um deinen Willen, o Gott, zu tun.› Somit hebt er das Erste auf, um das Zweite einzusetzen. Aufgrund dieses Willens sind wir geheiligt durch die Opferung des Leibes Jesu Christi, und zwar ein für alle Mal»* (Hebr 10,5-10). Welch eine Botschaft, welch ein Angebot!

Durch Jesus kann ein Mensch innerlich völlig geheiligt und vor Gott angenehm gemacht werden. Jesus hat all das für uns vollbracht, was wir aus eigener Kraft niemals hätten erreichen können. Und solch ein Angebot sollten Sie nicht annehmen wollen?

Sind Sie mit Ihrem Leben zufrieden oder sind Dinge geschehen, die Sie am liebsten rückgängig machen möchten? Wünschen Sie sich insgeheim gar einen Neuanfang? Vielleicht haben Sie mit dieser Sehnsucht im Herzen schon vieles ausprobiert, sich immer wieder in neue Abenteuer gestürzt. Vielleicht versuchten Sie es mit Religiosität, fernöstlicher Meditation, Esoterik, ja sogar mit handfestem Okkultismus. Tief in Ihrem Herzen war dabei der Wunsch, besser zu werden; Sie hofften auf ein erfülltes Leben, wollten Frieden erlangen, Ruhe und Sicherheit geniessen. Aber beim ehrlichen Überdenken Ihrer Lebenssituation müssen Sie nun feststellen, dass sich unter dem Strich kaum etwas geändert hat. Vielleicht ist irgendetwas ein bisschen anders geworden, aber nicht besser. Erkennen Sie hier Ihr eigenes Leben?

Und da ist noch etwas anderes tief in Ihrem Innersten: Eine berechtigte Angst vor der Zukunft. Wie soll es weitergehen? Es sieht alles so düster aus. Was wird aus unseren Kindern, wie werden sie in dieser Welt bestehen können? Wie werde ich mit meinem zunehmenden Alter zurechtkommen? Und nicht zuletzt: Was wird nach dem Tod sein? Ist dann alles zu Ende oder geht es weiter? Und wenn es weitergeht, wie geht es dann weiter?

Seit dem Sündenfall von Adam und Eva beherrscht die Angst den Menschen. Irgendjemand hat die Angst einmal als Signal, als Alarmzeichen für eine Störung der Verbindung mit Gott bezeichnet. Angst kann auch Ausdruck eines schlechten Gewissens sein, das auf unsere Schuld hinweist, die wir vor Gott haben. Keine Religion, keine Weltanschauung, keine Ideologie und keine Gesellschaftsordnung kann uns diese Schuld und damit auch die Angst nehmen. Die Bibel sagt: *«Drangsal und Angst über jede Menschenseele, die das Böse vollbringt, zuerst über den Juden, dann auch über den Griechen; Herrlichkeit aber und Ehre und Friede jedem, der das Gute tut, zuerst dem Juden, dann auch dem Griechen»* (Röm 2,9-10).

Wer Jesus sein ganzes Vertrauen schenkt, wird nicht nur von seiner Schuld befreit, sondern auch von seinem schlechten Gewissen und seiner tief sitzenden Angst, denn er bekommt Frieden mit Gott: *«Da wir nun aus Glauben gerechtfertigt sind, so haben wir Frieden mit Gott durch unseren Herrn Jesus Christus»* (Röm 5,1). Solch ein Mensch weiss sich in allen Stürmen des Lebens im Herrn geborgen.

Glauben Sie, dass die Bibel Gottes Wort ist? Oder wenden Sie ein, es sei schon so viel darüber geredet worden und jeder sage etwas anderes, dass Sie gar nicht daran glauben könnten? Ich hoffe inständig, dass Sie sich nicht hinter einem solchen Argument verstecken!

Eine Minute nach dem Tod wird ein Mensch überrascht feststellen, dass er immer noch existiert. Und dann muss er sich vor Gott verantworten, der ihn fragen wird: «Warum hast du Mir denn nicht geglaubt?» Würden Sie dann antworten: «Ach, ich hörte so Verschiedenes. Ich sah einen Film, der zu beweisen schien, dass es keinen Schöpfer gibt, sondern dass alles durch Zufall entstanden ist.» Oder: «Ich las in einem Buch, dass Jesus gar nicht auferstanden sei, dass das, was in der Bibel stehe, gar nicht wahr sei. Die Verfasser erklärten, sie hätten das genau recherchiert. Das habe ich dann halt geglaubt. Ich dachte, die müssten es doch wissen.»

Gott wird solche Ausreden nicht gelten lassen, sondern Rechenschaft fordern: «Ah, Du konntest lesen? Ich habe Mich den Menschenkindern durch Mein Wort offenbart. Warum hast du dann Mein Wort nicht gelesen und geglaubt? Dort steht alles über Mich und Meinen Heilsplan für euch Menschen. Du hättest prüfen können, ob es die Wahrheit ist. Aber du hast lieber jenen geglaubt, die Mich infrage stellten. Du bist dem Teufel auf den Leim gekrochen! Mein Wort hätte jeder Prüfung standgehalten. Es gab auch genügend christliche Bücher, biblische Auslegungen und Hinweise, die dies bestätigten. Glaubtest du denn nicht, dass Ich, der Ich Gott bin, Mich zuverlässig bezeugen und auch über Mein Wort wachen konnte, damit es nicht verfälscht wird? Über Jahrtausende hinweg blieben Meine Worte erhalten und der rote Faden in Meinem Wort blieb unübersehbar. Ich habe es euch einfach gemacht und Martin Luther dazu berufen, die Bibel in eure Sprache zu übersetzen, und Ich liess kurz zuvor die Buchdruckerkunst erfinden, damit Mein Wort schnelle Verbreitung finden konnte. Und mittlerweile könnt Ihr Mein Wort fast an jeder Strassenecke bekommen und euch über Mich informieren.»

Sie, lieber Leser, leben noch. Das ist Ihre Chance! Denn wenn Sie sich eingestehen müssen, dass Gott so oder ähnlich mit Ihnen reden würde, dann haben Sie jetzt noch die Möglichkeit, umzukehren und sich dem Herrn zuzuwenden. Nach dem Tod wird es zu spät sein. Glauben Sie nicht länger pseudowissenschaftlichen Abhandlungen. Orientieren Sie sich nicht an Gottesleugnern und Menschen, die verächtlich über Ihn und Sein Wort sprechen. Es gibt genügend andere, segensreiche Informationsquellen. So bezeugt der Historiker und Arzt Lukas, der das gleichnamige Evangelium und die Apostelgeschichte verfasste, zum Beispiel: *«Nachdem viele es unternommen haben, einen Bericht über die Tatsachen abzufassen, die unter uns völlig erwiesen sind, wie sie uns diejenigen überliefert haben, die von Anfang an Augenzeugen und Diener des Wortes gewesen sind, so schien es auch mir gut, der ich allem von Anfang an genau nachgegangen bin, es dir der Reihe nach zu beschreiben, vortrefflichster Theophilus, damit du die Gewissheit der Dinge erkennst, in denen du unterrichtet worden bist»* (Lk 1,1-4).

Lukas hat aufs Genaueste recherchiert. Er kannte einige Apostel persönlich, die Jesus nachgefolgt und Seine Worte gehört und Seine Taten gesehen hatten, und konnte sich aus erster Hand informieren. Er war auch lange Zeit mit dem Apostel Paulus zusammen. Es gibt keinen vernünftigen Grund, seine Aussagen anzuzweifeln. Warum sollte er gelogen haben? Das, was er schrieb, die Meinung, die er vertrat, hätte ihm zur damaligen Zeit leicht das Leben kosten können, denn es herrschte Christenverfolgung. Lukas ist auch nicht etwa Ammenmärchen zum Opfer gefallen. Als Arzt war er es gewohnt, das, was er hörte, sachlich zu hinterfragen. Seine Berichterstattung im Evangelium und in der Apostelgeschichte ist detailliert und genau. Er prüfte, was er hörte, und kam zu einer zuverlässigen Diagnose.

Der Apostel Johannes, der das Johannesevangelium, die drei Johannesbriefe und die Offenbarung schrieb, stellt gleich zu Beginn seines ersten Briefes klar: *«Was von Anfang war, was wir gehört haben, was wir mit unseren Augen gesehen haben, was wir angeschaut und was unsere Hände betastet haben vom Wort des Lebens – und das Leben ist erschienen, und wir haben gesehen und bezeugen und verkündigen euch das ewige Leben, das bei dem Vater war und uns erschienen ist –, was wir gesehen und gehört haben, das verkündigen wir euch, damit auch ihr Gemeinschaft mit uns habt; und unsere Gemeinschaft ist mit dem Vater und mit seinem Sohn Jesus Christus. Und dies schreiben wir euch, damit eure Freude vollkommen sei»* (1.Joh 1,1-4). Gerade dieser Apostel legt in seinen Briefen besonderen Wert auf eine dem Glauben entsprechende wahrhaftige Lebensführung. Er betont, wie wichtig die Wahrheit ist, ja, dass sie das Leben der Christen bestimmen muss. Sollte er das verkündigt haben und selbst ein Lügner gewesen sein? Er schreibt an anderer Stelle: *«Der das gesehen hat* (das bezieht sich auf ihn selbst), *der hat es bezeugt, und sein Zeugnis ist wahr, und er weiss, dass er die Wahrheit sagt, damit auch ihr glaubt»* (Joh 19,35).

Der jüdische Apostel Paulus war ein Gegner Jesu gewesen. Als junger Pharisäer hatte er das Christentum gehasst und aufs Äusserste verfolgt, bis er selbst eine Begegnung mit Jesus hatte. Jesus berief ihn zum Apostel für die heidnischen Nationen. Eines Tages musste sich Paulus wegen seines Glaubens an Jesus in Cäsarea verantworten. Er wurde massiv angeklagt und von Felix, dem damaligen römischen Statthalter Judäas, verhört. Paulus war ein sehr intelligenter Mann, der mehrere Sprachen beherrschte. Er war Jude und gleichzeitig römischer Staatsbürger und hatte bei Gamaliel, einem der anerkanntesten «Professoren» der damaligen Zeit, studiert. Und dieser Paulus bezeugte nun vor Felix: *«Das bekenne ich dir aber, dass ich nach dem Weg, den sie eine Sekte nennen, dem Gott meiner Väter so diene, dass ich allem glaube, was geschrieben steht im Gesetz und in den Propheten»* (Apg 24,14, Lth 84). Das sagte er im Wissen, dass sein Leben davon abhing, wie Felix auf dieses Bekenntnis reagieren würde! Auch heute gibt es viele Intellektuelle die glauben, dass die Bibel Gottes Wort ist.

Jesus forderte bei einer bestimmten Gelegenheit eine Gruppe von Menschen, die Ihn ablehnten, mit den Worten heraus: *«Ihr habt den Teufel zum Vater, und was euer Vater begehrt, wollt ihr tun! Der war ein Menschenmörder von Anfang an und steht nicht in der Wahrheit, denn Wahrheit ist nicht in ihm. Wenn er die Lüge redet, so redet er aus seinem Eigenen, denn er ist ein Lügner und der Vater derselben. Weil aber ich die Wahrheit sage, glaubt ihr mir nicht. Wer unter euch kann mich einer Sünde beschuldigen? Wenn ich aber die Wahrheit sage, warum glaubt ihr mir nicht?»* (Joh 8,44-46). Die Frage: *«Wenn ich aber die Wahrheit sage, warum glaubt ihr mir nicht?»*, steht auch jetzt im Raum!

Wir erwähnten eingangs, dass es zwei Menschheitslinien gibt, die sich durch die ganze Geschichte ziehen.

Die eine Linie zeigt uns Menschen, die nicht auf Gott hörten, Ihn ignorierten oder gar gegen Ihn rebellierten. Die andere, die segensreiche Linie zeigt uns Menschen, die auf Gott und Sein Wort hörten und sich dem Herrn anschlossen. Mit denjenigen, die sich auf Seine Seite stellten, vollführte der Herr Seinen Plan. Das ist heute nicht anders! Jeder Mensch befindet sich entweder auf der einen oder auf der anderen Seite. Darum sollten Sie jetzt eine Standortbestimmung machen und sich überlegen, auf welcher Seite Sie stehen.

Ein Mensch, der ohne Gott in dieser Welt leben will, wird – ob er es merkt oder nicht – vom Teufel dirigiert. Denn Satan ist der Fürst dieser Welt. Ein gottloser Mensch spielt gleichsam in einem «schlechten Film» mit, der kein glückliches, sondern ein schreckliches Ende hat. Wer sich jedoch auf die Seite Jesu stellt, wird auf eine andere Bühne geholt: Er geht in die Geschichte Gottes ein. Mit solch einem Menschen vollbringt Gott Wunderbares. Leute wie Abraham, Mose, David, Ruth, Maria, Elisabeth, Petrus und Paulus sind im positiven Sinn in die Geschichte eingegangen. Auch andere Männer und Frauen wie Luther, Zwingli, Calvin, Zinzendorf, Bodelschwingh, Dora Rappard, Corrie ten Boom und viele, viele andere, haben nicht umsonst geglaubt. Ergreifen Sie doch jetzt die Gelegenheit und beten Sie im Namen Jesu zu Gott. Sagen Sie Ihm, dass Sie Ihren bisherigen heimlichen oder offenen Widerstand aufgeben und sich auf Seine Seite stellen. Bekennen Sie Ihm Ihre Sünden und bitten Sie Ihn um Vergebung. Er wird Sie erhören und Sie werden es erfahren: Gottes Wort ist Wahrheit! Und Sie werden mit einstimmen können in die Worte des Paulus: *«Ist jemand in Christus, so ist er eine neue Kreatur; das Alte ist vergangen, siehe, Neues ist geworden»* (2.Kor 5,17, Lth 84). Etwas Schöneres und Besseres kann ich Ihnen nicht wünschen!

Nachwort

In einer freien Übersetzung wird Gottes unverbrüchliche Liebe und Treue Seinem Volk, Seinem Land und Seiner Stadt gegenüber so umschrieben:

«Mein Herz schlägt für Jerusalem, darum kann ich nicht schweigen. Ich halte mich nicht zurück, bis Gottes Hilfe über der Stadt auf dem Berg Zion aufstrahlt wie die Morgensonne, bis ihre Rettung aufleuchtet wie ein heller Schein bei Nacht. Dann sehen alle Völker, wie der Herr dir Recht verschafft, Jerusalem, und ihre Könige bestaunen deinen neuen Glanz. Du wirst einen neuen Namen tragen, der Herr selbst wird ihn dir geben. Ein Schmuckstück wirst du sein, das der Herr in seiner Hand hält wie ein König seine Krone. Man nennt dich nicht länger ‹die verstossene Frau› und dein Land nicht ‹die Verlassene›. Nein, du heisst dann ‹meine Liebste› und dein Land ‹die glücklich Verheiratete›. Denn der Herr wird dich lieben und sich über dich freuen, und dein Land wird nicht mehr vereinsamt sein. Wie ein junger Mann sein Mädchen heiratet, so werden deine Einwohner sich mit dir verbinden. Wie ein Bräutigam sich an seiner Braut freut, so wird dein Gott sich über dich freuen. Jerusalem, ich habe Wächter auf deine Mauern gestellt, die den Herrn Tag und Nacht an sein Versprechen erinnern sollen. Ihr Wächter, hört nicht auf zu beten – nicht einen Augen-

blick –, gönnt euch keine Ruhe! Lasst auch dem Herrn keine Ruhe, bis er Jerusalem wieder aufgebaut hat und die Stadt auf der ganzen Erde bewundert wird. Der Herr hat geschworen: ‹Nie mehr werde ich zulassen, dass die Feinde euer Korn verzehren oder dass Fremde den Wein trinken, für den ihr so hart gearbeitet habt. Ihr, die ihr die Ernte einbringt, sollt auch davon leben. Und wer die Trauben liest, soll auch den Wein trinken. Dafür bürge ich, der starke Gott. Ihr werdet essen und trinken im Vorhof meines heiligen Tempels und mich dabei loben. Zieht ein durch die Tore der Stadt, zieht ein! Ebnet einen Weg für das Volk, das unterwegs ist zur Stadt. Baut eine Strasse, räumt die Steine aus dem Weg! Stellt ein Feldzeichen auf, das alle Völker sehen können!› Hört, was der Herr verkündet! Seine Stimme dringt bis zum Ende der Erde: ‹Sagt den Einwohnern Jerusalems: Der Herr kommt, euer Retter! Den Lohn für seine Mühe bringt er mit: sein Volk, das er sich erworben hat; es geht vor ihm her. Man wird es ‚das heilige Volk' nennen und ‚das Volk, das der Herr erlöst hat'. Und du, Jerusalem, heisst dann ‚die Begehrte' und ‚die Stadt, die nie verlassen wird'›» (Jes 62,1-12, Hfa).

Quellenhinweise

[1] *Warum sind Sie reich Herr Deichmann?*, S. 44-45, Brockhaus

[2] *Lügen im Heiligen Land*, S. 168, Verlag Goldstein, München 200

[3] *Warum immer wieder Israel? Vision von der Zukunft Israels und der Welt*, Willem J.J. Glashouwer

[4] *Am Ende der Zeit, wenn Sterne vom Himmel fallen*, S. 115, Schwengeler-Verlag, Berneck

Norbert Lieth

Frei-Evangelischer Autor und Publizist. Mitarbeiter des Missionswerks Mitternachtsruf. 1955 in Deutschland geboren. 1978-1980 Bibelschulausbildung in Montevideo (Uruguay). Bis 1985 auf verschiedenen Missionsbasen in Südamerika tätig. Seit 1992 gehört er dem Vorstand des international tätigen Missionswerkes an, das seinen Hauptsitz in der Schweiz hat. Ein zentraler Punkt seines weltweiten Verkündigungsdienstes ist das prophetische Wort Gottes. Er ist seit 1977 mit seiner Frau Elke verheiratet, sie haben vier erwachsene Töchter.